做一個簡單的好人

許峰源（法羽老師）著

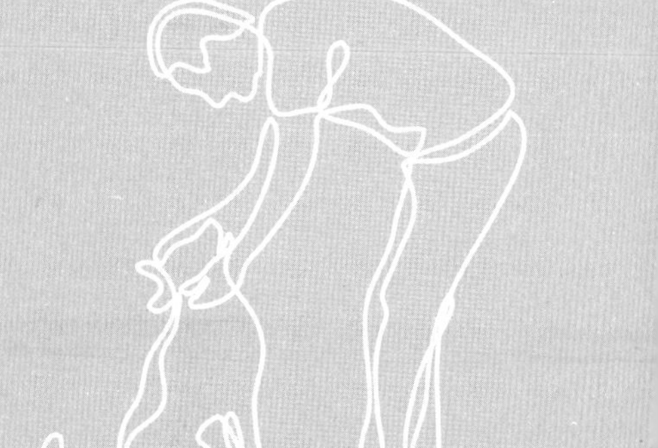

目錄

第二章　好運可以主動創造

第三章 在談夢想之前

第四章 比財富更重要的事

第五章 做對的事，需要很多傻勁

推薦序

開始做個簡單的好人

春天診所董事長／何麗玲

《做一個簡單的好人》是峰源繼《年輕，不打安全牌》《心的強大，才是眞正的強大》及《被支持的力量》三本書後的第四本書，每一本書都有其人生的道理。看他的書會讓我想到以前常聽到的一句名言：「**最偉大的眞理最簡單；同樣，最簡單的人也最偉大。**」

這是一個讓人煩躁的時代，工具理性幾乎凌駕所有的價值觀，每個人都忙於計算如何最快達到世俗的成功標準，但是財富增加了、資產累積了，內心卻沒有相對富足的感覺，所以我們必須轉而追求讓心靈平靜的力量。峰源的書絕對具有充實心靈的效果，他提到成本效益分析是一種狹隘的觀點，這確實一針見血指出了當今社會冷漠疏離的主要病因。太講究效益將會限制我們的付出，也會影響善緣的出現。

綜觀本書，我們可以理解峰源心中的強者，必須有如下的特質：承擔責任、接受現實、擁有專注力、沒有敵人，以及自我控制力。這幾項簡單的特質，其實背後都有深刻的人生哲學意涵。承擔責任的用意是，強調責任比夢想重要，人活著最重要的不是追求夢想，而是履行命中注定的責任；接受是遠比改變更重要的能力，人對於生命將如我們所願的期待，是一種不合理的錯誤認知；衝動和分心的情緒是負面力量，專注力越高，理性的決斷力才會越強，所以人必須嚴格執行紀律，專心做好當下最重要的事；沒有敵人的人才是最強大的，但是一個人之所以沒有敵人，不是因爲他戰勝所有人，而是因爲善良；連自己的欲念都控制不了的人，能成什麼大事？所以在這世界上能夠做大事的人，必定是擁有強大自我控制力的人。

強者的特質雖然簡單，但簡單的事做起來並不容易。所以峰源的書中提到許多讓自己變強的心理準備，這些道理十分契合不少當今思想家的慢活主張，千萬不要墜入急功近利的人生陷阱。峰源以打羽球爲例，提到基本動作的重要性，強調前輩的經驗與心靈是不可多得的資產，奉勸年輕人別急著販賣自己。他提到成功最快的捷徑就是「慢」，人必須建立被敬重的人格特質，讓名聲禁得起考驗，所以過簡單的生活，不要讓物欲和虛榮控制，也許更能得到眞正的成功。因爲不急，所以峰源懂得隨緣的智慧，知曉人們不能急著控制一切，不能天眞要求凡事如你所願，追求善緣，成功自然水到渠成。

這本書充滿著正向力量，讀起來讓人的心靈漸趨平靜，所以我是懷著感恩的心情再度爲峰源寫序。最後我以書中的話做個總結：「這世上最困難的一件事，並不是賺到很多金錢、贏得很高的地位，而是能夠進入一個人的生命，活在一個人的心中……只有簡單的好人，才能進入無數人的生命，活在無數人的心中；也只有簡單的好人，才能保持最初始的起心動念，去承受無數人百分之百毫無保留的信任。」所以，讓我們開始做個簡單的好人吧！

推薦序

簡單的文字使人深思，簡單的好人帶來影響

環球世達保險經紀人總經理／朱水源

從我幫峰源的第一本書寫序至今，已經過七個年頭。這七年來的點滴、所見所聞，我應該跟大家分享。因爲峰源說過他希望將正向思維傳送出去，而這些日子以來，我也親身感受峰源所傳達的意念，不是軟弱的文字而是強大的力量，這個力量可以改變一個人，乃至一個家庭，更可以擴大到一個社會。

我有個兒子，可能因爲我跟峰源的關係，所以他也加入了峰源發起的法羽幫，而且是從高三到現在大學四年級。他在讀高一時，曾經陷入瓶頸，起因於突然從外縣市到台北讀書而無法習慣，讓他感到挫折幾乎要放棄自己。

當時我希望峰源能以老師或大哥的身分與他聊聊，在深度談話之後，兒子逐步找回人生的方向與目標，談話內容無關乎考試的技巧，也不是教訓，是一個不求回報的分享：分享自己的人生價值，讓他重新認識、思考自己，找到自己願意努力的目標，最後並讓他如願考上自己理想的大學科系。

我認為**正面分享的力量，來自於沒有企圖的付出**，是否有回報，在付出的當下並不會知道。

我與峰源初認識時，他已經是優秀的人生勝利者。從一間個人律師事務所慢慢發展，逐漸觸及到各法律專業領域，我想他應該可以在法律圈大放異彩。直到有天他來我辦公室，很突然的說他要減少訴訟，收掉辦公室，我感到很訝異。捨棄了先前努力，圖的並不是更好的發展，而是因為他要當作家及演說家，為此我感到有點不捨。

但是，我漸漸發現峰源的堅強。台大法律系畢業的律師，讀了這麼多年法律，放下訴訟，是因為看到訴訟每個現實的眞相，所以希冀找尋人生的眞正價值，並將自身的人生歷練、對事物的看法及經驗累積，集結成正面的文字，給社會大眾一個參考的價值。

每一次的出書，我都可以感受到峰源對人生體驗的昇華。當我讀到《做一個簡單的好人》這本書，驚訝於他這種年紀的年輕人，能擁有五、六十歲人的心境，這是一個讓自己幸福的正面觀念。

社會的進步變化快速，爲了填滿爆炸資訊的管道，提供資訊者不斷取悅著觀眾的重口味，不斷將簡單的事情加油添醋，增加刺激及戲劇性話題。大部分的譁眾取寵，違反了正常倫理，人們長期接受這樣的負面訊息，就會影響心靈的純潔，進而不相信社會，更容易以複雜的心態去解讀世界。

這本書深入解析這些問題，並以各種事件去解讀人性。我們應該做更簡單的人，並相信因果，種善因必得善果，用善念洗滌負面的思想，讓我們更純淨。當大家面臨衝突，面對失意、壓力、無奈，都能處之泰然，社會就會祥和，善的影響就會延續。

與峰源相處，看他從二十幾歲的年輕人，到一個成熟的優質讀書人，最記得他在人生過程中，對於幫助過自己的人，他經常抱持感恩回饋。因爲他是感恩且願意付出的人，並身體力行的將生活中的經歷深思體驗，留下文字。難能可貴的是，他隨時手不釋卷，不停與知識交流。簡單的文字卻使人深思，而做一個簡單的好人，便是擁有影響力的人。

自序
成爲超越自我，活進他人心中的生命

首先，我要非常誠摯向你表達感謝之意，感謝你在數以萬計的茫茫書海之中，拿起了這本書，這不是毫無意義的巧合，我相信，我們彼此之間有著很難得的緣分。

「做一個簡單的好人」這個書名很平淡，很難產生震撼的吸睛效果，但卻隱藏了「人際互動最深層的初心智慧」。

在這個世界上，我們不可能獨自一人活著，而且幾乎所有的煩惱都是來自與人的互動，幾乎所有的幸福也是來自與人的互動，我們的幸福快樂與他人的幸福快樂之間，有著緊密不可分割的關係。

如果你的「存在」讓周遭的每個人都感到痛苦，你能快樂得起來嗎？

如果每個人都因爲你的「存在」而感到幸福快樂，你自然也會感到幸福快樂。

也就是說，當你越專注讓別人獲得幸福快樂，你就越能獲得幸福快樂的反饋，這是「有智慧的自私」。

基於這樣的生命體悟，我非常認眞省思一個問題：

到底我的「存在」本身，帶給自己的家人、周遭的朋友，甚至是整個社會，什麼樣的影響？

在我生命之中，影響我最深的人，就是我的「母親」。

我的母親沒有接受過正式的教育，她一輩子只會寫自己的名字，從世俗的角度，我的母親不具備任何學歷、專業知識，她也沒有財富與地位，但，她用了自己的一輩子養育我，我知道無論發生再大的事情，她永遠支持著我，不會拋棄我，她永遠把我「放在心上」。

我的母親從來不是爲自己而活，她的一輩子是從奉獻自己、利益子女們的過程之中，去感受幸福快樂的反饋，只要子女們過得幸福快樂，她就幸福快樂。

母親的一輩子超越了自我、自私、自利，進入了我的生命之中，活在我的心中，無論身在何處，無論她的肉體是否仍存在這個世界，她永遠活在我的心中，從未離去。

這是一種很眞摯的「相依爲命的一體性感受」，讓我們永遠不會感受到孤獨，讓我們在看不見未來的生命道路上，從不失去盼望，因爲我們知道，「自己不是一個人活著」，母親會永遠把我們「放在心上」。

當你進入一個人的生命之中，活在一個人的心中，你會獲得別人對你百分之百毫無保留的信任，基於這個信任，他們對你會有無限的付出與支持。

然而當你面對別人對你百分之百毫無保留的信任的瞬間，你的起心動念會決定，到底你是一個什麼樣的人？

終有一天，你會明白，進入一個人的生命之中，活在一個人的心中，不是一種勝利，而是一種責任。

就像一位母親，見到嗷嗷待哺的孩子，她體悟到這孩子一生的幸福，就是她一生的責任，也是她一生幸福的所在。

很多讀者問過我，我的母親是一個什麼樣的人？

這個問題我想過很久，再多的言語都很難準確形容，直到後來我終於找到了答案。

不管世俗的人們怎麼看待我的母親，或許她不識字，沒有錢，有點胖，也不懂打扮，但我知道「她爲我活了整整一輩子」，她在我心中是「一個簡單的好人」，如此而已。

「一個簡單的好人」，是一個超越自我的人，他解開了身上沉重的自私自利的枷鎖，放下了複雜無意義的算計，他相信利益他人而活著，絕不是沒有意義的犧牲，自己一定是第一個獲得幸福快樂反饋的人。

只有「一個簡單的好人」，可以進入無數人的生命之中，活在無數人的心中，因爲他夠簡單、夠善良；只有「一個簡單的好人」，可以承擔起無數人對他百分之百毫無保留的信任，因爲他夠簡單、夠善良。

因爲超越，所以簡單，因爲自信，所以善良，「一個簡單的好人」超越了自私的自己，讓內心深處的太陽顯露，照耀了無數人生命的黑暗。

以上就是這本書想跟你分享的核心思維，書裡談到的都是關於這個主題的故事及生命體悟。

非常感謝你願意基於這難得的緣分，拿起這本書，並讀完這篇序文，無論你是否買下這本書與我結下更深的緣分，我都眞誠希望這篇序文提到的思維，能夠對你有所幫助，衷心祝願我們彼此都能擁有「簡單的幸福快樂」。

第一章

簡單的事都很難

一個簡單的好人

在杯觥交錯的應酬場合裡，常常在一次次、一桌桌敬酒後，換了一大疊名片，事後卻根本想不起名片上的人到底是誰？回想起在應酬時與人「你兄我弟」，彼此阿諛奉承、熱絡到不行，總有一種說不出的錯亂感。

記得多年前，我跟隨一位大哥到香港參加一場商業宴會，對方跟我交換名片、看到我的名字時，很認眞說了一句「許律師，久仰大名啊！」接著說了一大堆稱讚我的話。

我嚇一跳，心想我是一個剛出道不到半年的菜鳥律師，當時也還未曾上過媒體，而且還是台灣的律師，如何可以讓對方「久仰大名」……或許對方只是出於禮貌性地奉承，或許是看在我大哥面子的緣故，但我一點也不覺得開心，我相信很多人也有過類似被過度稱讚的「反胃感」。

在商場上，虛假的人際互動還算好，當利益更大或爭奪權位時，就會讓我們陷入無數的佈局、較勁、鬥爭的漩渦之中，甚至當我們被深信的人背叛時，更容易讓我們失去對人的信任感，也加深自我的防備心。曾經我為此心力交瘁，一直有個疑問縈繞我心，人與人之間一定要過得這麼複雜、這麼辛苦嗎？

後來，我從與兩個寶貝女兒的眞摰互動中，找到了答案。每當我應酬結束，帶著些微的酒意及虛假的反胃感回到家，無論身心多疲倦，只要看到兩個寶貝女兒迎面而來的笑容及擁抱，一瞬間，我的反胃感、疲倦感全都消失了，這是種難以言喻的「淨化感受」。

我發現，在簡單、善良的孩子面前，我們也會變得簡單、善良，我們複雜的心顯得異常脆弱，在毫無掩飾的純眞笑容面前，我們負面的情緒毫無存在的空間，徹底一掃而空。

孩子的善良就像「光」，可以驅散一切「黑暗」的人性。

●沒有敵人的人最強大

很多人說，「人啊，雖然只有兩劃，但卻是非常複雜，變化無窮的。」然而，在我認爲，人可以很複雜，也可以很單純，一切都是取決於我們自己的「心」。

當我們用「複雜的心」去看待一切人事物，去揣測每一個人，人心當然複雜。如果我們能夠保持「簡單的心」，外在的一切就會自動轉化，再複雜的人事物到了我們的面前，也複雜不起來了。就像任何人到了可愛的孩子面前，再複雜的心也抵擋不了孩子簡單純眞的笑容，這就是「簡單」的力量。

一個大家定義的「壞人」，或許並沒有我們想像的那麼壞，如果他們眞的那麼壞，理論上，他們在地球上任何人的面前都應該要一樣壞，然而，這並非事實。至少，他們的家人不一定會抱持跟我們一樣的負面看法。

往更深的層次思考，爲什麼他們在我們面前會表現出「壞的那一面」？或者，爲什麼我們的生命環境中，充滿著自己認定的「壞人」？

我們認定的好人不一定就那麼好，相對的，我們認定的壞人也不一定就那麼壞。

對人不要太快預設「負面的立場」，尤其不要輕易因爲別人給我們的想法，去影響我們對一個人的看法。

一個人在不同的人面前，必然會展現不同的一面，至於他們會在我們面前展現好的或壞的那一面，取決於他們心裡怎麼看待我們。

如果他們認定我們是好人或者對他們抱持好的想法，他們就會表現好的那一面，如果他們認定我們是壞人或者對他們持有壞的想法，他們就會表現壞的那一面。

因此，當我們身邊充滿我們認定的壞人時，不要急著怪罪別人，或許我們可以先反省自己，是否對人有著「負面的預設立場」，只要我們對人抱持負面的想法，無論再輕微，對方一定感受得到。

想一想，如果今天有人對我們抱持著濃烈的敵意，我們會怎麼看待這個人？我們會給對方好臉色嗎？

一個心中沒有敵人的人，是最強大的，而一個人之所有沒有敵人，不是因爲他戰勝所有人，而是因爲「善良」！

就像天眞可愛的孩子們，他們沒有金錢、權力、地位等外在力量去征服所有人，但他們卻有無比強大的內在善良力量，去感染、轉化無數的人，他們爲「無敵」這兩個字做了最完美的詮釋。

●簡單的好就能轉化他人

一個簡單、質樸、總是願意幫助別人的人，經由多年累積下來的善念，會在身上散發強烈的「正面磁場能量」。這股難以言喻的「正面磁場能量」，超越一切外在的有形物，會感染每一個接近他們的人，他們會擁有轉化人們心念的不可思議力量，縱使是很多人認定的壞人，到了他們面前也會被誘發出良善的一面。

因爲，即使**一個再壞的人，都會希望在他發自內心敬重的好人面前，當一次好人**。

對人保持最大的善意，不要隨意抹煞他們想要成爲好人的微弱念頭，或許因爲我們的善意與成全，那難得珍貴的善念會被放大到足以徹底轉化一個人，讓他們成爲一個眞正的好人。

即便在最黑暗而暴力的人心中，依舊會有一絲善念閃現，雖然那可能極爲短暫而黯淡，如果能夠珍惜這乍現的光芒，能有足夠的好緣分，能灌注更多正面的能量，哪怕只是在他們作惡的瞬間帶給他們一秒鐘的善念猶豫，都是值得的，因爲他們就有可能會放下手上的刀。

人活在世上，本來就有很多面，在不同人的面前會展現不同的面向，不要對人心失去希望，不用急著去改變別人，只要我們自己能夠成爲「一個簡單的好人」，我們身上就會散發強烈的「正面磁場能量」，自然能夠轉化接近我們的人，讓無數人的善良本心獲得啓發與顯露。

苦難埋藏的幸福種子

在一個偶然的機緣下，認識了在我父母時代最火紅的喜劇演員——阿桃姨。

我聽阿桃姨談起，她從小家裡窮被父母送給別人當童工、在顛沛流離的窮苦戲班遭人欺負、當人媳婦侍奉公婆的忍辱、進入演藝圈初期遭人刁難、婚姻不幸福遭到丈夫背叛的傷痛、失去一切並獨力拉拔孩子長大等故事，聽來有些令人感到心酸，她的生命充滿與命運搏鬥的「傷痕」。

好在，阿桃姨的孩子都長大後，個個事業有成，大兒子是成功的企業家，二兒子是專業的水利工程技師，小女兒是小兒科醫師。

現在的她每天過著簡單平凡的生活，享受含飴弄孫的幸福，總算老天爺讓她一生苦難所埋藏的幸福種子開花結果了。

我發現，不只阿桃姨，包含豬哥亮、許不了等喜劇演員，他們都有類似心酸的人生故事。

他們的生命太苦了，苦到幾乎忘記幸福的味道，所以他們會非常珍惜每一個帶給他們快樂、感動的時刻，因爲這些回憶可能是他們活在這世界上，唯一有價值的「資產」了。

因爲他們珍惜，所以這些快樂與感動的回憶會產生深刻的印象，讓他們知道該如何讓社會底層的「甘苦人」歡樂與感動，他們能夠賦予人們一種「甘草人物」的眞摯情感與溫暖。

如果沒有經歷過人生苦難、折磨的喜劇演員，他們所表現出來的「搞笑橋段」，往往只能讓我們笑一笑，很表淺的短暫停留在我們的心頭，甚至有時候會流於「低俗」。

而一個「有故事的人」，他能夠理解社會底層人們與命運搏鬥、養家活口的無奈、心酸及困境，也知道哪些「看似平凡無奇的幸福」可以觸動他們的「心」。

很多人其實並不知道，這些偉大的喜劇演員最強的不是演喜劇，而是演悲劇。

因爲當他們出演悲劇角色時，只需要回想自己過往的經歷，就能很自然地在戲劇中演出他們「自己的故事」。就像豬哥亮先生在《雞排英雄》電影中，扮演一個落魄「跑路」的人一樣，這跟他自己的生命故事有高度雷同，所以他能夠深度刻畫那個小人物角色的心境，賺人熱淚的演出果然打動無數人的心，獲得破億票房的好成績。

偉大的喜劇演員，他們成功的關鍵，在於當那些生命的苦難內化成自身的一部分後，他們能夠更敏銳地覺察他人的痛苦，能夠更細緻地覺察什麼樣的方式可以讓他人感到快樂、溫暖與幸福，甚至能夠在面對毫無希望的生命困境中，找到一絲絲帶著淚水微笑的空間，就像他們自己的生命遭遇一樣。

●成為有故事的人

我們對於與自己有著相似遭遇的人會有強大的「同理心」，希望他們能夠免除痛苦、能夠擁有幸福快樂，這是我們都擁有的珍貴善良本性。所以，那些偉大的喜劇演員，願意持續不斷鑽研演技、終身奉獻自己，帶給觀衆感動及歡樂。

就像張魁先生的歌曲《小丑》歌詞的描述：

掌聲在歡呼之中響起
眼淚已湧在笑容裡
啓幕時歡樂送到你眼前
落幕時孤獨留給自己
是多少磨鍊　和多少眼淚
才能夠站在這裡
失敗的痛苦　成功的鼓勵
有誰知道　這是多少歲月的累積
小丑　小丑

是他的辛酸　化作喜悅　呈獻給你

生命存在太多的苦難，但也因爲這些苦難的存在，讓我們能夠知道什麼是幸福。任何生命的苦難，必然埋藏著相同程度的幸福種子，就像牛頓提出的「作用力與反作用力定律」一樣。

每一個苦難的發生，都是必然會發生的，也就是命中註定，但也必定有其隱藏的積極意義存在，留待我們用整個生命能量去挖掘，過程或許痛苦、難熬，但當我們帶著苦難傷痕繼續前進時，我們必定會見證到苦難埋藏的幸福種子開花結果的那一天。

當我們遭遇生命的艱難時刻，不需要害怕，不需要逃避，不需要一直問「爲什麼是我」。記住，「這世界上不是只有你一個人在受苦」，每個人都有自己的命運要去面對、戰勝及體悟。

一個經歷過生命苦難磨鍊的人，是一個「有故事的人」。因爲體驗過生命的苦難，讓我們懂得珍惜生命中的一切，因爲知道生命的無奈，讓我們能夠理解別人的難處，進而願意帶著苦難磨鍊後的生命韌性與智慧，去幫助更多的人。因而，一個「有故事的人」會變成很不一樣的人、一個扭轉自己與無數人命運的人。

這世界每一個眞正成功的人，都必然是一個「有故事的人」。

信念，是人生道路指引的光

剛結束一場在台北喜來登飯店舉辦的外商投資銀行的演講。

隔兩天，我來到一所三峽的國立大學演講，演講時間是平日的星期三晚上，是學生會舉辦，讓學生「自由報名」參加，這讓我有一點不安的預感。果然，到了現場，加上工作人員，只有七個聽衆，等了十五分鐘，還是只有十一個人……一樣的演講內容，跟兩天前的大型演講落差實在太大，但我依舊不受便當味、滷味、雞排味、手機聲的影響，專注完成這場演講。

回到家已經接近晚上十一點了，兩個寶貝女兒等不到我回來先睡了，洗完澡後，我馬上拿出行李箱整理行李，因爲明天一早就要專程飛到馬祖爲當地的身心障礙朋友們演講。

結束兩天一夜的馬祖行後，我趕回台北，我必須保持最佳狀態，因爲接下來有一個更大的挑戰，我必須在四天之內，完成六場大型壽險公司的演講……

當我剛完成第一天的兩場演講，晚上回到家，半夜突然感覺頭暈暈、胃痛，然後開始狂拉，吃了東西就吐……糟糕，我腦袋裡浮現「腸胃炎」三個字……因爲隔天宜蘭的演講是早上九點，我清晨六點多就要出門，根本來不及看醫生，只能「撐著」……

因爲腸胃炎，必須讓胃休息，不然吃什麼就吐什麼，所以縱使接下來的演講及路程奔波需要消耗很大的體能，我也只能餓著肚子「空腹」上場。

坐在前往宜蘭的火車上，想著現場有數百名聽眾等著我，加上自己的身體狀況，內心有著很複雜的情緒與擔憂，又想到下午花蓮也是一場數百名聽眾的大型演講，其中兩百人還是專程從台東包遊覽車坐了三個半小時來的，我的胃就更痛了……

當我抵達會場，在主持人的介紹下，聽眾們報以極熱烈的歡迎掌聲，加速了我緊張的心跳。

我進入豪華的講師休息室，緩緩地坐在沙發上，讓自己慢慢靜下來，專注的深呼吸……吸氣……吐氣……吸氣……吐氣……吸氣……吐氣……慢慢感受自己不安與焦慮的情緒，不排斥、不抗拒，只是平靜地與它們同在，只是將念頭專注在自己呼吸上。

過一段時間後，我的呼吸逐漸慢了下來，在我的心念之流中，慢慢地浮現了我多年來始終如一的「信念」——許峰源一生的奮鬥及思維，正向影響了無數人，改變了無數人的命運，這是我命中註定的責任——慢慢地，我的情緒緩和了下來，取而代之的是一股溫暖且難以言喻的信心及力量，周遭的氛圍也和善了起來，不再那麼緊繃、對抗……

過沒多久，燈光亮起，我站上講台，信心及力量不可思議地驅散了身體的不舒服，「信念」支撐著我圓滿完成了這場演講。

●路要走得遠，無法只靠熱情支撐

生命有時候，就是會遇到像這樣毫無退路的情境，就像我不能輕易取消數百位聽眾聽我演講的期待……就像無論你再緊張都得踏進去學測的考場……

身體的不適是眞的，狀況不好也是眞的，內心的緊張情緒也是眞的，但因爲內心懷抱著強烈的「信念」，我知道可以用自己一個人的幾個小時，來影響現場數百名聽眾，這讓我感受到「自我存在的意義」，我知道自己絕對不能放棄，我相信這世上「無形的力量」會保祐著我，這讓我能夠超越一切負面的限制，專注在「應該做的事情上」，這就是「信念的力量」。

或許在一般人看來，「信念的力量」很抽象、很模糊，對我而言卻是極爲眞實的感受，或許有形的文字很難完整表達，卻是極爲溫暖有力的無形力量。

想要產生強大「信念的力量」，或者說把抽象的「信念」具體化爲「不可思議的力量」，不能只是靠催眠，也不是一朝一夕可以產生的，必須是一種將「心念」付諸行動，一次次、長時間反覆實踐、融合產生的。

我常跟年輕朋友分享，縱使我已經演講過數百場，內容幾乎可以靠「反射」就講出來，但在每一場演講開始前，我依舊會盡量提早一個小時抵達會場，熟悉場地、在台上的走位、測試麥克風的音效、觀察投影機的影像呈現效果，在觀衆進場過程中，我會仔細觀察當天現場聽衆的特質，來決定我當天講話的語氣，甚至是國語多還是台語多，然後在上台前的最後一刻，我會持續反覆的檢視、演練每一張投影片。在演講結束後，我習慣留在會場，盡我所能地滿足所有聽衆的問答、簽名、拍照等需求，無論是要拍幾百張照片或簽幾百本書。

此外，在每次演講結束後，在回程的高鐵上，我會立即檢討當天演講的所有細節，調整每張投影片的順序、文字內容的呈現、語氣的表達模式、現場演講氛圍的掌握等，好讓緊接的下一場演講更「近乎完美」。

當一樣的內容要重複講數百次、無論身體的狀況好壞都必須盡力呈現，再多的「熱情」都會被磨光的！這已經不是單純「熱愛不熱愛」「喜歡不喜歡」的境界了！

我之所以願意這麼做、這麼嚴苛要求自己，不是因爲我沒有把握，不是冀望拿到更高的講師費，而是我重視每一位進場的聽眾，我知道這是很難得的「緣分」，我知道這是我「命中註定的道路與責任」。

從表面上來說，經歷數百場的演講，讓我贏得了不少令人稱羨的財富及名氣，但事實上，我獲得的遠遠超過這些。

透過一場又一場的演講，我不斷深化及穩固自己「生命的信念」，當我的「信念」越深化、越穩固，就越能強化自我的信心及力量，衝破一個又一個阻礙，直達「無極限」的境界。

很多人談論到「熱情」，好像只是在談論一件自己熱愛的、喜歡做的事情，然而，只有熱情，路是走不遠的，因爲熱情很快就會燃燒完了，尤其是遭逢逆境的時候更會加速燃燒，**而當「熱情燃燒完」，剩下的是什麼？**

當熱情燃燒完，剩下的就是我們的**「信念」，這才是我們是否能繼續「走下去」的關鍵**。

我們對一件事情的堅持，靠的不能只是熱情，必須是一種「信念」，一種「義無反顧的執著」，是我們發自內心深處認爲「對我們生命非常重要的事情」。

只有強烈的信念，可以帶領我們撐過枯燥、疲累、低潮與絕望的人生逆境，也只有強烈的信念，可以帶領我們走過驕傲、虛榮、嫉妒與自私的人生陷阱。

信念，會決定我們將成爲一個怎樣的人，信念，是我們人生道路指引的光。

熊熊烈火般的力量

這一天，是清明祭祖的日子，外面下著雨，風有點大。家裡拜拜完後，一如往常，我提著一大包金紙準備到社區大門外的金爐焚燒。

因為下著雨，空氣的溼度很高，加上風很大，讓我在點燃第一張金紙時很困擾。

打火機的火一直受到風勢、雨勢的「干擾」，我必須判斷風向，並不斷變換姿勢，找到可以點燃金紙的空隙。

火好不容易點著了，沒想到一放進金爐裡，金紙一下子就被風雨「干擾」給熄滅了。

這樣反反覆覆了好幾次，才把第一張金紙點燃。

不只第一張金紙不好搞，因為風雨的干擾，想要好好點燃頭幾張金紙，都很困難，必須一再嘗試後，才能完成。

可是一旦撐過剛開始的陣痛期，金紙一張接著一張燒起來後，金爐裡就會形成熊熊烈火，接下來，就再也不懼怕風勢、雨勢的「干擾」了，甚至可以大把大把的金紙往金爐裡丟，火只會越燒越旺。

我們內心的「光明力量」，就如同燒金紙一開始的小小火苗，只要一點點外在風雨的干擾，就會被吹熄、被掩蓋。

這就是爲什麼「幫助別人，就是幫助自己」的道理大家都知道，卻總是做不到，因爲我們總是不敵黑暗力量的干擾，屈服於「以自我利益爲中心」的情緒，也就是自私自利的自己。

●你在他人心裡留下的印記，是最大的成就來源

NBA的超級巨星俠客歐尼爾，很多年前受邀參加在聖誕節時，到育幼院送聖誕禮物給孩子們的公益活動。第一次參加時，他只是爲了應付經紀公司的媒體公關活動，增加曝光度及公益的形象。經過幾年後，他慢慢感受到，

自己竟然開始期待每年聖誕節到育幼院與孩子們相處互動的時光，尤其當他看到孩子們在他默默援助下，一個個慢慢長大，心裡更是滿滿的感動。到後來，縱使沒有媒體記者的採訪曝光，他依舊持續這個善行。因為最後他體悟到，做好事、幫助別人的真義，不是為了出名、不是為了被孩子們感謝、不是為了滿足虛榮感，而是從中獲得難以言喻的喜悅與力量。慢慢地，他覺察到自己變得很不一樣，這樣的改變很深刻、很溫暖。

美國傳奇脫口秀主持人歐普拉，很多年前在南非曾經創辦一所以她為名、給貧窮家庭女孩就讀的女子學校。當初創辦這所學校時，她認為這將是她一生個人最大的成就，可以讓世人覺得自己很了不起。多年後，她受邀參加美國一所大學的畢業演講，她提到自己之所以必須到場，是因為這麼多年來，她陪伴這些女孩長大，今年將有十個女孩從大學畢業，其中一位就坐在當天的台下。當時現場響起如雷的掌聲。歐普拉說：「曾經我以為這所以我的名字命名的女子學校，是我個人一生最大的成就，但後來我知道自己錯了，我深深體悟到，我們的人生成就，不是蓋出以你為名的學校，也不是獲得的各種獎項，眞正的人生成就與讚譽無關，而是你在每個接觸過的人心裡所留下的印記。**你的成就，在於每個你曾接觸的生命。**」

●再強大的力量，也是一點一點的積累

我們都是平凡人，要我們對別人無私奉獻、不求回報，太難了，那是聖人的境界，距離我們太遙遠。但我們也不要小看自己，可以從勉強自己開始，縱使想得到別人的掌聲與讚譽也沒關係，儘管帶著那麼一點小私心，只要你願意為別人伸出援手，哪怕是再小的善行，都是一件好事，這是一種「有智慧的自私」。

下一次，當我們隨著生命的緣分遇到能夠做好事、幫助別人的契機時，哪怕只是在寒冷夜裡，送給在街角蜷縮著身軀的流浪漢二十塊錢、幫下雨清晨中沿路叫賣的老婆婆買三朵五十塊錢的玉蘭花、幫背上仍背著未足歲的孩子在騎樓下的單親媽媽買幾塊烤番薯。

記得提醒自己，這是個決定我們自身命運的關鍵時刻，這是一場自我「黑

暗力量」與「光明力量」較量的史詩戰役。

只要我們用盡全力保護珍貴的、微弱的「光明力量」，只要我們真的跨出那最困難的第一步，戰勝自私的自己，幫助別人，你會慢慢感受到一種難以言喻的心的暖流，獲得一小段時間內心「好的情緒感受」，這個好的情緒感受會帶給你力量，驅使你更願意爲下一個人伸出援手，就這樣透過一個個大大小小的善行，會銜接起一小段一小段內心好的情緒感受，當內心好的情緒感受「無縫接軌」後，我們幫助別人的「光明力量」就會逐漸穩固強大，如同一張又一張金紙接續燃燒產生的熊熊烈火一樣，不再受到風勢、雨勢的干擾及影響，然後我們自己及身邊的人都會覺察我們正向的改變，就像歐尼爾與歐普拉一樣。

一個內心光明力量形成熊熊烈火的人，幫助別人就不再勉強了，我們會變成一個很不一樣的人，會自然展現及流露各種人性的光明特質，熊熊烈火般的光明力量會淨化生命環境，任何負面黑暗的人事物難以靠近他、污染他，他能夠點燃身旁每個人的正向心念，影響著身邊所有的人，他的人緣會非常好，會吸引無數的好事靠近他。

幫助別人最大的回報，不是別人對我們的感恩，不是大衆對我們的讚譽，而是一次次戰勝自私的自己，逐漸轉化自己的心，讓我們更願意幫助別人，成爲能夠從接觸別人生命的過程中感受幸福的「一個簡單的好人」。

未來是擁有平靜心靈的人的天下

「球王喬克維奇準備發球。」主播用極平靜的口氣講出這句話，然後就屏氣跟著所有觀衆一起看著，不發一語……

這場溫布頓大滿貫網球賽的冠軍賽，已經進行到第五盤，前面四盤現任球王喬克維奇與瑞士特快車費德勒各取得兩盤的勝利。

現場上萬名觀衆悠閒地看著球賽的進行，有著無數的雜音、鼓譟、喊叫，這兩位近代網球史上最偉大的選手絲毫不爲所動，仿佛這世界所有的一切都消失了，只剩下他們兩個的對決，無論此時發生任何事情，都無法干擾他們「平靜而專注的心」，他們的「心」一直都在。

在最緊繃的大滿貫網球賽事中，選手的實力非常非常接近，只要任何一方有絲毫的「分心」，就註定會輸掉這場比賽。

隨著賽事逐漸加溫，現場數萬名觀眾跟著緊張起來，當賽事進入第五盤，尤其是雙方戰成六比六平手，進入「搶七」決勝局，也就是比賽最後最後的關鍵時刻，原本雜音、鼓譟、喊叫漸漸安靜下來了。

搶七決勝局，就是雙方選手誰先搶到第七分，就獲得這場比賽的勝利，雙方鏖戰超過三個小時，根據轉播統計，兩方「奔跑距離」已經接近「四公里」，注意，這是「奔跑距離」不是慢跑喔，這種驚人的體能消耗，已經接近「超人」的境界！

這兩位偉大的選手明明都已經接近體能的極限，但驚人的平靜專注力量彷彿讓他們絲毫不受干擾，驚人的奪冠信念讓他們不斷超越自我的極限。

接下來的每一顆球，都非常關鍵，他們不斷來回強力對抽、不斷前後奔跑救球，在他們身上散發出一股極爲強烈的「平靜專注力量」，這股力量感染了現場無數觀眾，也感染了透過轉播觀看的全球數百萬球迷，所有人都屏息以待，一切顯得那麼樣的平靜、那麼樣的專注……

●你的心，一直都在嗎？

想要成爲一位眞正的強者，就必須擁有異於常人的「心理素質」，一種越是關鍵時刻越能保持「心靈平靜」的力量，縱使干擾強烈存在，他們依舊可以不爲所動地「做該做的事情」。

能夠無畏外在巨大干擾，隨時保持心的平靜及專注，這樣的人非常強大！這樣的對手非常可怕！

如果現在的我們，連日常生活中簡單的行爲，都難以保持平靜及專注，在關鍵時刻根本不堪一擊。

無論我在做任何事情，包含閱讀、寫作、與人談話、公開演講時，我總是問自己：「我的心，一直都在嗎？」「我清清楚楚地覺知，每個當下的自己在做什麼嗎？」

在這個工作忙碌、資訊氾濫的時代裡，我們的心裡總是「掛念」著某些事情，總有「事情做不完的急迫感」「必須消化無數資訊的焦慮感」「好像隨時隨地都要做些什麼的躁動感」……連難得有個三分鐘的空檔，都不捨得讓心休息，都要趕緊刷一下臉書動態、看一下最新發布的新聞，最好可以「一次做很多件事情」，連手機跟平板都要強調「多工」的功能。

我們幾乎已經忘記「平靜心靈」的感受，無時無刻無數的干擾，讓我們內心充滿噪音，讓我們總是分心，心總是靜不下來，簡單講，這是個「煩躁的時代」，而我們也用一顆「煩躁的心」去面對生命中的挑戰及困難，多年來早已讓我們精疲力盡，失去了珍貴的「平靜心靈」，也失去了平靜心靈衍生的強大力量，包含專注力、洞察力、決斷力等。

用「煩躁的心」去生活的我們，或許認爲自己沒有任何的「不正常」，但當我們的「心」已經很難專注眼前一件簡單的事情，包含走路、吃飯、閱讀等，當我們的心總是被某件事「拉走」「帶離」眼前正在做的事情，或許我們該省思自己眞的有那麼「正常」嗎？我們還保有「平常心」嗎？

一個帶著煩躁的心活著的人，心性會變得很淺，很容易失去耐心、發脾氣、與人爭執、分心，很容易被「煩躁的心」蒙蔽，看不清事情的本質眞相，看不見問題解決的契機，更看不見許多關鍵細微的變化，包含大環境局勢、談話對象的想法與情緒等。

甚至，當我們整個人被「煩躁的心」所籠罩時，我們生命的主控權就會被「劫持」「接管」，讓我們「無意識」去做出不好的事情或錯誤的致命決策。這對於一個想成功的人，是非常致命的障礙。

●鍛鍊覺知力

外在的干擾永遠不可能消失，關鍵在於我們自己的心，如果想要在強烈外在干擾下，保持「心靈的平靜」，我們必須要鍛鍊強烈的「覺知力」，讓我們的心「一直都在」。

所謂的「覺知力」，是指能夠「覺知」自己在每個當下的「念頭」及對於各種外在環境產生的「情緒反應」，簡單講，就是能夠「覺知」每個當下的外在環境發生什麼事情、自己的內心處於什麼狀態、正在做什麼事情，甚至能夠隨時「覺知」自己的每一個呼吸。**只要能夠清楚「覺知」這一切，就能夠只是單純「看著」它們，那麼念頭就只是念頭、情緒就只是情緒**，我們可以如同「看電影」一樣，或像站在岸邊看著念頭與情緒的河流流過一樣，與所有的干擾「保持距離」。

當有外在干擾出現時，強大的覺知力會讓我們清楚自己細微的念頭及情緒的變化，讓我們能與各種情緒風暴保持距離，就像是一個強大的「防護罩」，讓我們的心不輕易被鼓動及控制，讓我們在面對重大壓力及抉擇時，保持心的平靜及專注，如同喬克維奇及費德勒等偉大選手一樣。

覺知力，不是輕易就能獲得，剛開始，我們總是會因爲「干擾」而「丟了自己的心」，例如「跟人家談話時，沒有把對方的話聽進去，心卻在想著別的事情，或者急著想要接話」「吃飯時，只是無意識地把食物推進嘴裡，心卻一直注視著手機的動態」「洗澡時，儘管頭抹了洗髮乳、身體抹了沐浴乳，心卻一直想著白天工作的事情」……別氣餒，發現覺知跑掉了，「拉」

回來就好，繼續覺知自己的呼吸，繼續覺知現在、這裡的一切，包含內在的念頭、情緒、外在的人事物，一次次練習，我們就會慢慢進步，就能一點一滴延長覺知的時間，哪怕只有多一秒，都代表我們多奪回一秒「心的自主權」，往平靜的心、自由的心更邁進一步。

只要我們能夠時時刻刻「覺知自己的心」，知道每個當下自己的「心在哪裡」，我們才能擁有「平靜的心靈」，不因爲外在的干擾而分心，掙脫負面情緒的控制枷鎖，**任何時刻都可以專注「做該做的事情」，這樣我們才是眞正的醒著**，才是一個眞正「心靈自由的人」。

不久的將來，人們最大、最艱難的挑戰不是賺更多的錢，而是擁有一個「平靜的心靈」。細心留意，我們會發現，生活周遭越來越多精神狀態有著不同程度異常的人，縱使他們穿著、舉止、言行「看似正常」，卻難掩他們的心靈遭到煩躁、壓力、焦慮、不安、恐懼等負面情緒的戕害，他們總是分心，思緒總是被拉扯，他們看似活著，卻早已失去了平靜的生命靈魂，他們看似行動自如，但早已失去了心靈的自由，這是無論我們擁有再多物質財富、地位都無法彌補的。

未來必然是擁有平靜心靈的人的天下。

太陽一直都在

盧貝松拍過一部電影《露西》。這部電影描述，一般人只使用不到一〇%的「潛能」，實際上我們人類還有九〇%的潛能尚未被使用到，而女主角露西在某些際遇之後，能夠使用所有的潛能，讓她擁有超越一般人無法想像的力量。

當時看完電影後，我思考一個問題，如果能夠像露西一樣開發出超越一〇%的潛能，甚至是一〇〇%的潛能的話，我們會變成什麼樣？

後來我上網查了很多資料，發現《露西》不單純只是一部科幻電影，包含宗教界、心靈界、科學界、醫學界都早已證實人類潛能的極低使用率，特別是「心的正向潛能」。

這帶給我很大的興趣，代表我們絕不止現在的程度，我們還有極大，甚至是無限的成長空間，只要我們能夠開發「心的正向潛能」，就能夠成爲遠比現在強大的自己。

那到底是什麼原因導致我們的潛能無法發揮，是什麼「干擾」遮蔽了我們「心的正向潛能」？

所謂的「干擾」，其實就是所有的「負面黑暗的力量」，包含自私、自利、自我、憤怒、嫉妒、抱怨、驕傲、分心、恐懼、焦慮、放棄等情緒，帶給我們生命負面的影響。

在我們內心最深處，有一顆始終存在的「太陽」，它擁有我們身而爲人的所有「正面光明的力量」，包含無私、利他、溫柔、善良、慈悲、感恩、希望、愛、專注、忍耐、堅持等人格特質，能夠帶給我們生命積極正面的影響。

當我們還是一位純淨無染的孩子時，就像一顆溫暖的太陽，充滿著正面光明的力量，我們的笑容可以照耀、溫暖驅除人們陰暗溼冷的情緒，我們的擁抱可以撫慰、支持並給予人們無限的力量。

然而，當我們逐漸成長，累積了許多「負面黑暗的力量」，尤其在我們開始接受教育、出社會工作後，因爲現代競爭的社會，普遍瀰漫自私的價值觀、資本主義自利的思維、強調自我的社群氛圍，建立了凡事「以自我利益爲中心」的思維，也高度強化了「負面黑暗的力量」。我們的心很容易被自私自利所佔據，內心充滿各種噪音，不斷想要得到更多、恐懼失去任何一切、把別人當作敵人、想要贏過更多人，不斷受到各種負面人事物的「干擾」。

●每個人內心都有兩匹狼

有一天，我記得那是個冬天極爲寒冷又下著大雨的清晨，前往上班途中的我坐在計程車裡，停紅綠燈時，我看見一位戴著斗笠、穿著雨衣的老婆婆，在大雨中穿梭車陣，她拖著蹣跚的步伐跟一輛又一輛車子兜售玉蘭花。

她慢慢靠近我們的車子，輕敲車窗，司機毫不猶豫的拒絕了她，然後她用懇切拜託的眼神看著坐在後座的我，不知怎麼的，我也揮手拒絕了她。

然而，就在那只有極爲短暫的○·一秒裡，我的內心覺得「怪怪的」，好像自己做了件「不好的事情」。

後來我不斷回想這難以言喻的感受，原來，就在那〇．一秒裡，我「瞥見」了內心最珍貴的「太陽」，我看見了「最眞實的自己」。

就像在佈滿厚重雲層的陰天裡，「太陽」在雲層的間隙中，顯露了極爲短暫的時間，但很快的，又被「負面的黑暗力量」給掩蓋過去，讓我決定揮手拒絕，太陽又再一次被厚重的雲層給遮蔽了。

我曾聽過一個故事，一位智者對他的孫女說，每個人的心裡都有兩匹狼，牠們彼此殘酷地互相搏殺。一匹狼代表負面黑暗的力量，一切以「自我利益」爲中心，充滿各種負面的情緒。另一匹狼代表正面光明的力量，凡事以「利益他人」爲中心，充滿各種正面的情緒。

孫女好奇的問爺爺：「哪一匹狼比較厲害？」

智者回答：「你餵養的那一匹。」

我們常聽到「性格，決定命運」這句話。

其實，一個人的性格是非常複雜、動態、變化無窮、可塑造的。

我們可以先思考，一個人的性格是怎麼來的？

我們一次又一次重複的行爲，會慢慢形成「習慣」，在我們大腦裡建立一種「慣性的大腦神經迴路」，當我們遇到類似的外在因素時，就會依照慣性的大腦神經迴路產生特定的情緒及反應。然後不斷重複的習慣，會更持續深化慣性的大腦神經迴路，最後形成我們「性格」的一部分。

這代表我們的思考及行動會受到「性格」，亦即「慣性的大腦神經迴路」很深的影響，但這也代表所謂的性格不是「無中生有」，是從一點一滴重複的行爲累積而來的，所以**不是毫無改變的可能性，不必然表示我們在性格的面前永遠只能是個輸家**。

過去我們不斷餵養「自私」的那匹狼，它變得越來越強大，形塑了我們的「性格」，導致「負面的黑暗力量」控制著我們，讓我們的生命充滿無數的「干擾」，讓我們凡事「以自我利益爲中心」，遮蔽了我們「心的正向潛能」——我們心中的「太陽」。

然而，不管過去累積的「負面黑暗力量的烏雲」有多深厚，我們一定要相信，在我們內心深處的「太陽一直都在」，從未失去，依舊閃耀。

就像無論是陰天、颱風天、暴風雨天，無論再多的烏雲、暴雨、閃電，我們永遠相信「太陽一直都在」。

●戰勝自己黑暗面的生命鬥士

當我們能夠有意識的「餵養」內心那匹「以利益他人爲中心」的狼，就能夠逐漸讓內心深處的「太陽」顯露，我們會有難以言喻「撥雲見日」的感受，能夠逐漸擺脫負面黑暗力量的干擾與控制，能夠逐漸展現隱藏已久卻始終存在的「心的正向潛能」，我們會形塑嶄新的、正面的、光明的「性格」——這才是我們「最眞實的自己」，除了成爲遠比現在強大的自己外，更能夠幫助及影響無數人。

很多人的一生，縱使能夠征服天下人，賺很多錢，建立很大的事業，卻始終無法征服自己。**然而一個眞正的強者，不是征服天下的人**，而是能夠征服自己的人，講得更精確些，是指能夠「戰勝自己長久累積的負面黑暗力量」

的人，讓內心深處的「太陽」徹底顯露、綻放無限的光明，這才是眞正的生命鬥士。

我們所餵養的內心的狼，就是我們心所朝的方向，就是我們未來的人生命運，當生命太陽的光明顯露後，黑暗就會消失，光明與黑暗是不可能並存的。

永遠記得，**太陽一直都在，只是暫時被烏雲擋住了**。

尊重每個人的生命節奏

我有一回參加一場喜宴，在漫長等待新娘與新郎進場、出菜的空擋時，大家只能吃個小菜、聊著天，打發時間。

全志是個虔誠的佛教徒，而且是個嚴謹的素食主義者。

「對了，全志，你不是吃素的嗎？怎麼沒有去坐素食桌？」小偉隨意問著。

「因為主人家沒有特別開素食桌，所以就只能單點『位上』。」全志回答。

「如果開全素桌的話，就必須湊齊十人開桌，不然就浪費了，所以現在比較流行的做法，是單獨位上，只是除了原本的桌錢外，要另外加上那位素食的價錢。」小芸說。

「是喔！這樣不就要主人家因為那個吃素的人另外負擔費用？吃素真的

很麻煩喔，大家說是不是？」一向講話有點白目的阿凱說。

這時候我就有點不祥的預感，感覺阿凱的說法會「捅一個馬蜂窩」。全志本來就是素食者，今天要跟大家坐一起，已經有些彆扭了，你還講這種白目話……

全志的臉色有點不爽。

阿凱接著繼續問：「全志，那你吃全素，還是半素？聽說有種叫做『鍋邊素』的？吃素真的比較好嗎？會比較聰明？還是佛祖會比較保祐啊？」

全志臉色已經黑得滿徹底了。

接下來，全志也不甘示弱，開始跟阿凱還有大家說明「吃素食的好處」，也批評了「吃葷食的壞處」……在有點火藥味的氛圍下，開始有些人也加入戰局……

「素食對身體負擔比較輕，科學證明人類本來應該就是素食者，我們的腸胃不適合肉食。」

「如果人類真的是天生的素食者，怎麼會有肉食性動物的『犬齒』？」

「肉食都會打進很多抗生素及對身體有害的添加物。」

「素食難道就都沒有農藥？」

「素食者對於生命比較尊重，比較有慈悲心。」

「難道吃肉的人就不會有慈悲心嗎？這哪有什麼因果關係？」

大家開始你一言我一句講個沒完，全志有點弱勢，畢竟全場只有他一位素食主義者。雖然我試著緩頰，但效果不大。更機車的是，那個白目的阿凱「點火」後沒多久，就到外頭去抽菸了。

最後，終於挨到了新娘新郎進場，緊接著就開始上菜了。

這時，全志默默說了一句話：「請大家仔細看著眼前的菜，豬腳、烤鴨、滷牛腱，這些動物都有生命，也都有感覺，在它們被『屠宰』那一刻的恐懼、哀嚎與痛苦，如果是你會有什麼感覺？

「其實，你們大家在吃的，都是『屍體』……」

現場陷入死寂般的沉默……

●否定一個人的價值觀，也等於否定了對方的人生

我並不打算跟大家解讀到底素食主義好，還是肉食主義對，我想跟大家分享一下，什麼是價值觀？

從某些層面來說，**價值觀就是一個人生活了幾十年，經驗累積下來的「執著」**。

一個人會有某種價值觀，必然有他自己堅持的理由，在大多數的情形下，很難評斷絕對的對錯。他有他的堅持，你有你的信仰，原本可以相安無事，**只有當我們試圖說服別人接受我們的價值觀時，才會產生摩擦**。

很多人以為自己很有「智慧」，想要說服別人，表現一下自己，殊不知，這是一種極為愚蠢的想法，其實，當他們高談闊論說服別人的那瞬間開始，就已經是笨蛋了。而當有些笨蛋不懂裝懂，好像一副很聰明的樣子，他們的愚蠢就達到了極點。

當我們想要去「糾正」別人的價值觀時，某程度是為了滿足我們內心深

處的虛榮感、優越感，以為自己高人一等，彷彿在告訴著對方：「你這樣想是錯的，你應該照我的正確方式生活。我想要拯救你脫離苦海。」

這種想要提出建言，想要控制別人的欲望，往往就是造成人際交往關係的致命障礙。因為沒有人會承認自己的「價值觀」是錯的，自己存有不正確的「執著」。

講白些，你自己想要去控制、改變別人的念想，不也是一種「執著」嗎？我們必須學會尊重別人，尤其是那累積了幾十年生活經驗的「價值觀」。**尊重，就是給別人一點「喘息」的空間，讓每個人可以用自己的「生命節奏」好好活著。**

當你發現對方價值觀與你不同時，最有智慧的方式就是「閉上你的嘴」。沒有人喜歡被「糾正」，尤其是「價值觀」，因為這某程度代表否定自己過去幾十年的經驗、思想，代表過去幾十年的路走偏了，甚至是白活了，這是很嚴重的「人格否定」。所以當有人提出改變價值觀的「建議」，多數人心裡的直覺反應是「被挑戰了」，甚至是被羞辱了，自然心裡起了想和對方爭辯、拚命的念頭，我們講再多，再有道理，對方都聽不進去的。

「抽菸會得肺癌，所以為你好，要戒菸。」

「喝酒會得肝癌，所以為你好，要戒酒。」

這些「好建議」新聞都在報，政府也都在宣導，但抽菸的還是繼續抽，喝酒的還是繼續喝酒，為什麼呢？其實，抽菸、喝酒的人自己也都知道，戒菸戒酒對身體好，只是該戒的時候未到，所以「暫時」繼續抽、繼續喝。

很多人不明白「時候未到」的涵義，也不懂得「時候未到」就應該安靜等待的智慧，「硬」來的結果，只是兩敗俱傷，不只是我們感到失落，對方也會因此關上心門，甚至埋下心結。

我們必須習慣，更重要的，不要期望世界繞著我們旋轉，不要用自己的標準，特別是自以為的道德標準去批評別人、去限制別人。相信我，你會快樂很多，你的人緣也會好很多。

●每個人都有自己的節奏，改變需要掌握契機

不要輕易說服一個人改變，不要因爲別人愚蠢的行爲感到難過，不要因爲別人不努力向上而失落，每個人都有自己的宿命，我們難以全程參與，更無法監控與介入。

當我們選擇閉上嘴，並不是一種冷漠，也不是拋棄對方，只是在權衡之下，選擇一個更有智慧的做法。

人生有些事情需要「緣分」，等時候到了，對方撞到牆了，當他眞心向你尋求改變，當他願意將自己的心「清空」時，我們再給予眞心、實用的建議，這時才能產生正向的化學變化，這也是一種水到渠成的智慧。

如果，「緣分」始終沒有出現，這就是「命」，每個人一生本來就有他自己的造化，不必勉強，**隨緣本身就是一種智慧**。

我記得多年前，家人都力勸父親戒檳榔、戒菸、戒酒，不管再怎麼威脅利誘，總是徒勞無功，我父親總是說，他一生就這麼一點嗜好，如果全戒掉

了，那活著還有什麼樂趣？就這樣過了很多年，直到有一天醫生宣布他得到了口腔癌，就在看完病理報告的隔天，我父親檳榔、菸及酒，全部都戒了……幾十年的爭執苦勸，在一夜之間全改變了。

人生很多事情，需要的就是「緣分」，**無論是你想或不想面對的「緣分」，它們都將帶給你「改變的契機」**。

我常跟讀者們說：「倘若你們在我的書中發現任何有用的話，請記住並努力去實踐，這樣一來，我的努力也就值得了。如果你們覺得我的書沒什麼用，那就算了，沒有關係，也不用因為把書擺在一旁而覺得不好意思。」

我從來不用「說服」的方式來影響任何人，因為我知道肯定會得到很大的阻礙。我只是以提供「參考」的方式，在對方沒有壓力的情境下進行正向思維的傳遞。

當我們硬要人家接受，人家越不接受，當我們越是請對方當參考就好，對方反而願意聽進去，這是基本的「人性」。因為不用否定自己，不是被說服，而是自己保有「主動選擇的自由」。

試著給每個人更大的「喘息」空間，包容每個人獨有的「生命節奏」，不要嘗試在「緣分」未到的時候去說服任何人，我們唯一該做的、能做的，就是從改變自己開始，專注自己的改變，用自己的生命故事證明正向價值觀的力量，這會超越一切語言並觸動無數人的心，更是支持他人改變的勇氣與力量。

專注的陪伴，讓關係改善

我家大女兒虎妞個性比較溫馴，有顆善良的心，但又是個標準愛面子、愛表現、富有創意的獅子座，她玩起遊戲來，總有各種創新招式。而小女兒小菩提的個性則是非常強烈、霸道，跟我一樣是天蠍座，聰明又帶點奸詐，雖然超會撒嬌，卻又調皮到令人容易「毛起來」——暴怒的程度。

她們兩姊妹一起玩的時候，好的時候很好，不好的時候就會發生激烈的爭吵，但幾乎每次都是妹妹吵贏，因爲姊姊總是想講道理，但妹妹從不按照規矩來，往往都是直接動手搶……姊姊生氣時，頂多學老虎一樣吼叫幾聲——以前只有她一個孩子時，這招對爸爸很有效，爸爸往往很快就屈服，但對她妹一點效果都沒有，小菩提往往在她吼第二聲之前，就直接給她「巴下去」……

我總是不能理解，爲什麼她們不能和平地、乖乖地在旁邊玩玩具，或者各自拿本書閱讀，一定要動不動就搶東西吵架，或者不是一下翻倒東西、撕破書本，就是拿著筆到處亂塗鴉，很難安靜超過三分鐘……

對了，如果她們眞的自己安靜超過三分鐘，我肯定更緊張害怕，因爲很有可能準備要「出事了」！要嘛爬高摔倒了、玻璃杯打破了、窗簾撕破了、重要文件畫花了、手機或平板電腦可能已經被佔領了，甚至玩起「丟手機」的遊戲……

反正，就是無法獲得片刻的平靜……

我曾經用過各種方法，包含拿點心利誘、沒收玩具、恐嚇聲、打屁股等等，最後依然宣告無效，小孩子「調皮搗蛋」的意志力強大到連我都難以抵抗……

我發現自己很容易因爲孩子們的不聽話或挑釁感到情緒暴躁，而且我觀察到自己目前生活中絕大多數發脾氣的原因，都跟孩子們有關，這讓我下定決心要面對及解決這個困境。

後來，我終於找到了問題的根源及解決方法。

●將干擾轉為愉悅的力量

我發現自己在顧小孩時，很容易感到「煩躁」，因爲我一邊顧小孩，一邊看書或看雜誌，或者看著電視或講著電話或滑著手機，所以小孩子任何一舉一動對於我而言，都是「干擾」。而小孩子的好奇心極爲強烈，探索世界與玩樂本來就是她們現在的「唯一任務」，毫無妥協的空間，期望孩子們安靜配合大人，根本就是不合理的期待。

因此，我決定闔上書本及雜誌，把電視關掉，把手機放到一旁，然後全心全意地把所有「注意力」放到虎妞及小菩提身上，「看著」她們玩耍的一舉一動。我發現，她們似乎不再那麼調皮搗蛋，也不再那麼「危險」。因爲，我就在她們很近的旁邊「看著」，任何危險的舉動開始前，我已經在一旁等待，惹不出什麼大事來。

有一次，老婆在廚房裡煮菜，虎妞跟小菩提心血來潮說，媽媽很辛苦，所以要進廚房「幫忙媽媽煮飯」！我相信很多父母聽到這種「幫忙」時，都會有種「頭皮發麻」的感受。

按照以往，媽媽煮飯時，廚房就是兩姊妹的「禁區」，因爲廚房煮菜時溫度很高、很危險，但如果我直接說不可以，而她們硬要時，就會展開一場爭吵。

所以這次我試著「專注地看著」她們，然後讓她們進入廚房禁區幫忙，畢竟她們辦家家酒都練習這麼久了，也煮過「各種菜餚」給我們吃過了——並跟她們約定，進來廚房後，全部都要「聽從媽媽指揮」。兩姊妹非常開心的答應了，並且開始去搬她們「海灘玩沙」的工具要來幫忙媽媽煮飯了——其實，我知道她們最主要的目的是要玩水，還有玩弄媽媽切菜後的剩料。

我搬了一張很大的浴室專用防滑椅放在流理台前，讓兩姊妹一起站上去，她們眞的認眞聽從媽媽指揮，開始「動手」幫忙……

在整個過程中，我始終在一旁「專注看著」，偶爾還要當她們的「小小幫手」——比她們兩姊妹低一階的小小幫手——聽她們下達指令，還會囑咐我要小心，不可以干擾辛苦的媽媽……

突然間，小菩提的左手動作太大，揮到了流理台上一瓶玻璃罐的調味料，但當這瓶調味料要掉落地上打破前，我已經接住它……因為我「早就看到」小菩提很有可能會打破它……因為我夠「專注」，因為我一直「看著」。

結果，這次的「廚房小幫手任務」順利達成，在媽媽煮飯的一個多小時內，兩個寶貝完全沒有吵鬧——真是奇蹟啊！而且當她們真的有一點點熟悉廚房環境後，還真的幫媽媽做了一些簡單的準備工作。讓我們夫妻感到驚奇的是，吃完飯後，虎妞就指揮小菩提一起去拿抹布把桌子、椅子、地上都擦很乾淨！

●專注陪伴所產生的平靜力量

人心中的煩躁，往往來自不專心，當我們一直看著手機時，小孩子就是我們的干擾，相反的，當我們「專注地看著孩子」，他們就不再是我們的干擾，我們與孩子都能夠在「專注的心靈之光」照耀下，獲得珍貴的平靜時刻，很多過往看似無解的親子問題都會奇蹟般的消散無蹤。

經過一段時間，我已慢慢養成專注陪伴虎妞及小菩提的「新習慣」了。

我發現，我們家因爲「專注的陪伴」獲得很多珍貴的禮物——單純陪伴的幸福回憶。

當我們「百分之百專注陪伴」孩子，他們會感受到前所未有的「安全感」，知道自己在父母心中很受重視，就不需要做出一些脫軌的行爲來引起父母的注意。

或許，當父母的我們未曾注意到，當我們動不動展現煩躁、動不動亂發脾氣、動不動散發負面情緒，其實，這些一舉一動都會對於孩子的行爲反應模式產生隱微且深遠的負面影響。

相反的，當父母能夠做到專注陪伴時，會產生平靜的力量，在我們周遭建立一種「寧靜祥和的氣場」，這是孩子最優質的「典範」，深深「烙印」在他們的心靈深處，對他們未來的行爲模式產生根深蒂固的正面影響，他們會知道當情緒產生時，「還有另一種選擇」，不需要動不動就「發脾氣」。

我們每一個人都「愛現」，一有什麼心得或發現什麼新奇事物，總是想要找到人分享，孩子也一樣，當他們探索世界，挖到什麼寶藏，或者在生活周遭看到什麼有趣的事物，第一時間都希望可以跟父母親分享。

如果父母沒有把握這個看似不起眼的關鍵時刻，就失去了建立父母子女間的信任感及溝通意願的基礎，孩子們很容易從此「關上心門」。

也許，孩子們想要分享的這些事情，在大人的世界裡「不怎麼重要」，但其實，大人世界裡的事物及規矩，例如好好坐著吃飯，回到家乖乖洗澡，時間到了乖乖上床睡覺，對於孩子們而言也是「不怎麼重要」的事情。

當我們能夠「從孩子的觀點去看待他們的世界」，當他們感受到我們能夠專注傾聽他們的分享時，對他們就是「最珍貴的禮物」了。

很多父母抱怨小孩不聽話，卻從未檢討自己是否曾經「專注地陪伴過孩子」「心無旁鶩地傾聽孩子的分享」，孩子們要的不是艾莎公主、巧虎、美國隊長、鋼鐵人、湯瑪士小火車、波力，他們真正想要的是「百分之百專注陪伴的父母」——就這麼簡單卻又如此稀罕珍貴。

我們總是努力上課進修，學習如何與客戶建立關係、如何傾聽客戶心聲、如何跟客戶聊個不停，那是因爲客戶代表著「利益」，排除掉這些利益，我們還會眞心想跟這些客戶有互動嗎？

很多時候，我們無法專注陪伴小孩，是因爲我們認爲孩子們是「負擔」，無法帶來事業上或工作上的利益，我們常常希望趕快「搞定」他們，讓他們安靜下來或趕快睡著，好擁有自己的時間，我們不願意多花時間在孩子們身上，但卻期盼他們隨時隨地在我們面前展現如「天使般的笑容」……到底是孩子太調皮，還是我們大人太天眞、太搞笑？

養育子女是父母一生無間斷、難以逃避的功課，是天大的麻煩與考驗，也是上天賜予的緣分與祝福，是我們學習「轉換觀點」，是我們體悟「爲別人活著」，是我們「超越自我」的蛻變時刻。

一個願意因爲愛與責任，爲孩子奉獻一生的父母，是不容易的，是偉大的，他們能夠掙脫「過度關注自我的枷鎖」，能夠超越自我利益爲更多人付出，擁有這樣人格特質的人會吸引無數人接近他們，並建立強大穩固的「生命支持系統」，獲得事業與人生的成功。

當我們專注於自私，利他就是干擾；當我們專注於利他，自私就是干擾。將心念專注在當下發生的一切，給予孩子「百分之百的專注陪伴」，就是送給孩子最珍貴的禮物，給予身邊的人「百之分百的專注陪伴」，更是讓自己成爲無數人心中「溫暖的恩典」。

第二章

好運可以主動創造

正面關注的力量

現在有些新聞媒體爲了「戲劇化」的市場需求，報導的內容充斥著黑暗、血腥、情色的社會事件，看衰國家經濟未來，讓負面觀點掌控整個新聞走向。從製造充滿無力感及恐懼感以獲取「點閱率」的角度來說，這些媒體非常「成功」。

當媒體「主導議題設定」的公益角色淪喪，直接影響的是人們每天討論的內容，也就是我們每天「被餵養」的到底是什麼？是正面的養分，還是負面的垃圾？

此外，現在的媒體往往發生了某件驚悚的社會事件後，接下來幾週，就會集中全力討論這則社會新聞，彷彿全世界都靜止了，沒有發生任何其他事情，這個事件瘋狂吸引了所有人的「關注力」，整個社會籠罩在人人自危、充滿防備心、不信任的負面情緒中。

當負面情緒不斷渲染、擴大，就容易開始發生所謂的「模仿效應」，導致更多類似的不幸事件發生，整個社會陷入一種失控的危機之中……

當我們持續不斷地談論、批評、關注負面的人事物，就會不自覺地陷入負面情緒當中，在我們內心深處逐漸醞釀一股可怕的、隱微的、具有自我傷害的負面力量。

在這個世界上，每一瞬間都有無數的事情、資訊在發生及傳遞，我們的大腦因爲「結構性限制」，無法全面掌握所有事情，只能有限篩選它所關注的事物，而我們持續關注好事或壞事，會影響及控制我們大腦的「篩選機制」。

當我們不斷關注好事，就容易看出好事發生的徵兆，讓我們的生命中彷彿充滿好事發生；當我們不斷關注壞事，就容易看到壞事發生的蛛絲馬跡，就好像我們的生命中總是出現倒霉的壞事。

我們每一天看見的、遭遇的、談論的、批評的一切，都會在我們心中留下一個個「印記」，當我們特別關注某種類型的事件，大腦會因爲不斷重複而建立一種「大腦神經迴路」，讓我們下次遇到類似事件的徵兆時，可以快速地、習慣地啓動大腦神經迴路做出我們習慣的思考及反應。

這有點像我們瀏覽網頁會設定的「我的最愛」或「書籤」，可以讓大腦快速產生連結。

●創造讓好事發生的環境

記得很多年前，當我的故事同時登上四大報時，當天早上就接到一位高中同學的電話，她帶點好奇、懷疑的口氣問我：「你是透過什麼管道，花了多少公關費，才能有這麼大的能耐，有這麼大的曝光度。」

當時我被她的問題問得一頭霧水。現在回想起，這也怪不得她，畢竟她本身就是在公關公司工作，負責媒體公關行銷操作。所以，她看到我的故事登上四大報的直覺反應，就會認定這一切的背後一定有公關行銷的媒體操作。

還有，就像從事訴訟實務多年的訴訟律師或檢察官，在處理案件過程中，對於接觸到的每個人，基本上都會直覺地、習慣地認爲對方在說謊，從質疑的角度開始去解讀對方說的每一句話。因爲在他們的工作環境裡，幾乎全都是說謊話的人……

這就是因爲關注所留下的「印記」，長期以來形成了深厚穩固的「大腦神經迴路」，這就是「關注力量」的展現。

如果在生活中，我們習慣去關注負面的訊息，就等於在我們的大腦裡設定了無數「負面的我的最愛」，讓我們總是快速、直覺、習慣以負面的角度去解讀眼前的一切，這會遮蔽我們看見正面事物的徵兆，讓我們逐漸對於生命失去希望，這非常可怕，因爲越是如此，負面的人事物就彷彿眞的會被吸引出現在我們的生命之中，感覺倒霉的壞事一個接著一個來，所謂「福無雙至，禍不單行」就是這個道理。

相反的，如果刻意訓練自己關注正面的訊息，在心裡留下正面的印記，產生正面關注的力量，雖然我們還是偶爾會遇到不好的事情，但我們不會失去對生命的盼望，就像在黑暗的隧道裡，依舊可以看見盡頭的光明，這讓我們擁有了「生命的韌性」，帶著我們去撐過一道道生命的關卡。

負面情緒的力量很強大，持續關注負面事物更會強化它們的魔力，但只要我們用超過十倍的力量去關注正面訊息，並不斷透過實際行動幫助別人，在我們心中留下強烈的正面印記，強化正面的大腦神經迴路，就能引導我們的心往正面的方向發展，縱使剛開始的火光很微弱，但每增加一點，那些負面的力量就削弱一些——就像在黑暗的房間裡，點燃光明，黑暗就會消失。

身爲人類的我們，最難能可貴的是，我們擁有「選擇的能力」。不像動物只能被原始的本性所牽引及控制，縱使很困難，但只要我們夠專注、夠堅持，就能有意識地不再關注負面的人事物，並漸漸地不受到負面情緒的影響及破壞。

只要從自己做起，將我們關注的焦點集中正面的人事物，將我們的力量及行動導向具有積極意義的一切，縱使在負面因素籠罩的環境裡，不要失去信心，我們就能看見好事發生的徵兆，集中精神把握它們、實踐它們，一點一滴創造讓好事發生的環境，那麼好事就眞的會不斷進入我們的生命之中。

榮耀幫助過你的人

感恩每個人爲我們所做的一切，榮耀每個曾經幫助過我們的人，我們將與無數的人產生更深的生命連結，引發更多的好事發生。

看著電視上播放著二〇一五年年金曲獎頒獎典禮，這年的終身成就獎頒給了台語歌壇的超級天后：二姊江蕙。

江蕙一個人曾經得過十三座金曲獎，爲了給年輕人機會，她決定不再報名任何個人獎項，後來很多屆的台語女歌手得獎者上台第一個感謝都是二姊江蕙，因爲大家都知道，如果沒有她無私的胸懷，後輩是很難有機會出頭的。

唱了四十多年，二姊江蕙決定「封麥」了，爲了感謝二姊江蕙對台語歌壇的貢獻，金曲獎主辦單位將二〇一五年的終身成就獎頒給了她。

二姊江蕙上台致詞時提到，她生命中有兩位非常重要的貴人，其中一位是已故影劇大亨楊登魁先生，另一位就是綜藝教父黃義雄先生。

這次頒獎典禮最有意義的點，就是主辦單位讓當年一路提攜二姊江蕙的黃義雄先生，擔任頒獎人。

當我在電視上看到二姊江蕙紅著眼眶、含著感恩的淚水，對生命中的貴人表達一次又一次的感謝，內心很感動。

我相信，今天晚上，除了二姊江蕙以外，在天上的楊登魁先生與今晚親白擔任頒獎人的黃義雄先生內心一定更是感到無比的欣慰。

●別把對方的善意視為理所當然

當一個人的名氣越大、影響力越大，她感謝的能量就越大。當她站在台上，提起曾經為她付出的人的「名字」，與他們分享榮耀，加上簡單的一句「感謝」，是可以長久地、深刻地溫暖他們的心。

當感人的頒獎結束進廣告時，我內心突然想到一個有趣的問題。

如果有一天，我法羽幫的孩子也獲得金曲獎，要是在台上「提到一下我的名字」，哇！酷斃了！這一定會讓我高興很久很久，會深深感受多年來付出的心力，都值得了。

但我又想到另一個場景，如果……這個孩子站在講台上，根本連提都沒提到我……我會怎麼想？眞的能夠毫不在意嗎？

如果你是我的話，會怎麼想？

先不談這麼大的一件事，先從日常小事聊起。大家想一想，當我們送一個人禮物、請一個人吃飯、爲一個人做些什麼事情時，我們心裡在想些什麼？當我們做這些事情時，我們會期待對方有什麼樣的反應？

我相信，我們都會期待對方對於我們的付出表達「感謝」，這樣的期待是很自然的人性。一個人願意爲另一個人做些什麼事情時，背後都需要很大的動力，從一個簡單的念頭到眞正付諸行動，整個過程需要很強烈的動力驅動與串連才能完成。

所以無論別人爲我們做任何事情，都不是理所當然的，都是很難得珍貴的。

然而，我們是否有時因爲太忙碌，而忘記或忽略向對方表達感謝之意？當我們忽略向對方表達感謝時，對方心裡的感受一定很差，或許我們是「不小心」忘記了，但爲我們付出的人一定會記得！

想一想，如果我們曾經幫助過一個人，卻無法在他身上感受到絲毫的感謝之意，我們會有什麼情緒反應？

我們肯定會「記取教訓」，提醒自己絕對不要再爲這個人做任何事情，這樣的反應也是很自然的人性。而且，我們當初爲他付出的「動力」越強烈，「失望」的負面情緒也就越強烈，「由愛生恨」便是一個例子。

或許，我們覺得這是一件小事，但在別人的心裡卻是一件大事！

一個人願意幫助我們，必定來自我們與他難得的「善緣」，當我們不經意地忽略，卻可能把難得的善緣轉化爲「惡緣」，並埋下在未來可能遭遇危險的種子。有智慧的人明白這個善緣得來不易，在接受幫助或得到禮物的第一時間，會立即向對方表達感謝之意，這是刻不容緩的重要大事，除了可以避免善緣轉化爲惡緣，更可以讓珍貴的善緣延續下去。

●讓自己成為潛力股，吸引貴人投資

養成即時感謝別人的習慣，是件好事。這個好習慣，會讓我們洞察生命中每一件事的背後，都有無數人爲我們付出與努力，這會帶給我們面對逆境的勇氣與力量，因爲我們知道自己不是一個人孤單奮戰。

記得，當年就讀母校三重高中時，無數的老師給予我幫助，包含願意幫我跟出版商要到免費的參考書、願意犧牲他們下班時間幫我解答、願意另外針對我設計讀書進度及考題、願意包容我的驕傲、願意陪伴我度過一個個低潮、願意陪伴我撐過所有龐大的壓力，所以一直以來我都知道，自己不是一個人參加學測及指考，在我身上背負著無數人的付出與努力，我是代表整個三重高中「出賽」的。

甚至到今天爲止，我依然非常感謝老師們對我的付出，內心深處依然認爲，我不只是爲了個人而努力，在我身上背負著老師們的盼望，我謹愼踏出每一步，專注走在正途之上，絕不可以讓老師們丟臉。當我遭逢逆境時，我繫念著老師們的鼓勵，一路走來，我知道自己並不孤單，我知道自己絕不能放棄，要成為學弟們的榜樣，我知道自己必須堅持下去，要成為老師們一生最大的欣慰，我知道自己必須成功，這樣才能榮耀所有幫助過我的人。

這樣的心念，引領著我挺過一個個逆境風暴，陪伴著我看見一個個風暴過後的陽光。

學會感謝別人，並不是為了符合社會期待，不要因為社會期待逼自己做這件事情，我們應該靜下心來觀察整個過程，會慢慢洞察每個成就背後都有無數人為我們努力及付出，會感受到自己的渺小，感恩的情緒自然湧現，毫無做作。

當我們開始懂得以真摯的實際行動，無論任何大小事情，向每個為我們付出的人表達感謝，我們自然會顯現難得的謙卑特質，我們會驚訝發現，有更多人願意主動幫助我們，當每一個幫助過我們的人都能分享、感受我們的榮耀，這將會吸引無數善緣靠近我們。

就像我們問自己，會不會想「投資」一個「懂得感恩的人」？

學會即時感恩，並時刻謹記在心，用努力作爲回報，蓄積轉化成爲在逆境中堅持與突破瓶頸的力量，將「榮耀幫助過我們的人」視爲毫無懸念的使命，能讓自己成爲一檔令人期待的「潛力股」，就能吸引無數的貴人投資我們。

當年親手將終身成就獎頒給江蕙的黃義雄先生，在隔年九月安詳無憾去世了，享壽八十歲。

好念頭的選擇能力

一位棒球運動的打擊者，想要在美國職棒聯盟這樣的殿堂上討飯吃，光靠「孔武有力」的揮棒是不夠，必須要擁有極為精準的「選球能力」。

每一次的投打對決，就在三個好球跟四個壞球之間排列組合。投手必須在四個壞球的空間裡，用各種方法取得三個好球將打者三振，或者讓打者打不好而出局。

打擊者必須在投手的各種「引誘」的投球之間，選中要揮棒或者放掉的球。

一位擁有精準「選球能力」的打擊者，不容易被壞球引誘，會逼迫投手必須投出「好球」跟他對決，這樣就能大幅提升打擊率、打點率及上壘率，這對於球隊能否贏球扮演很關鍵的角色，所以「選球能力」是評價一位球員身價的關鍵。

鈴木一朗是最好的例子，同隊的投手愛死他，別隊的投手恨死他，每一位敵對的投手遇到他，都很頭疼，因爲投壞球他不爲所動，投好球又非常容易被他擊出安打，怎麼靠變化球引誘都沒用，因爲鈴木一朗的跟球能力非常驚人，可以一直跟著球進到打擊區前的最後時刻再決定揮擊與否，這時候變化球的軌跡早已被他掌握，好球或壞球也早已了然於心，鈴木一朗的「選球能力」早已是名人堂「神人」的等級啊。

就像「選球能力」會決定一位打擊者的身價一樣，一個人對於內心龐雜、變化無窮的「念頭」的「選擇能力」也會決定自己一生的命運。

只要我們靜下來，觀察自己的「心」，只要嘗試個五分鐘，我們必定可以立刻感受到一個有趣的現象，原來，我們的「心」一直這麼忙碌，不斷地胡思亂想，一個念頭剛冒出來，沒多久又自己消失，幾乎毫無間隙，下一個念頭又冒了出來，取代上一個念頭，一下子後，這個念頭又消失了，新的念頭又冒了出來……這一切顯得那麼毫無理由，這些念頭既不知道從哪裡來，也不知道去了哪裡。

但我們可以確定的是，無論一個念頭存在的時間長或短，在「同一個瞬間」裡，我們的心只能想著「一個念頭」，我們無法在同一個瞬間想著兩個念頭。

人每一天所有的行爲都是由一個接著一個念頭引導出來的，我們如何看待這些念頭，以及如何與這些念頭互動，會決定我們的命運。

我們的內心包含各式各樣好的念頭及壞的念頭，好的念頭會帶領我們做出好的決定及行爲，得到好的結果及情緒感受，引領我們踏上光明的命運。壞的念頭會帶領我們做出壞的決定及行爲，產生壞的結果及情緒感受，引領我們走向黑暗的命運。

在這個世上，沒有人可以控制大腦裡下一刻浮現的念頭是什麼？是好的念頭，還是壞的念頭？

但可以確定的是，我們無法在同一個瞬間想著兩個念頭。好的念頭與壞的念頭，必然只會交替出現在我們的腦海之中。

而我們唯一能夠控制的，就是有意識的訓練自己「放掉」壞的念頭，就像打擊者放掉壞球一樣，不理它們，然後緊緊把握住每個難得出現的「好的念頭」並大膽付諸行動，就像優秀的打擊者把握住「紅中好球」果決揮棒一樣。

我們必須用最赤裸的、長遠的人生標準去檢視及體會，每一個念頭引導我們的「行爲的結果」及「情緒感受」，是好的還是壞的？是感受到幸福快樂及成就感？還是充滿內疚、不安或恐懼？

一次次訓練，一次次體會，我們辨識念頭好壞的「選擇能力」就會一次次進步。

當我們「選擇能力」進步時，最明顯的感受是，腦袋裡的「雜念」變少了。因爲我們只盯著「好的念頭」，不理會那些雜念，隨那些雜念自生自滅，只要不理會它們，它們就會失去被關注的力量，那些雜念就會像在太陽底下的晨霧一樣，蒸發消失。

你就是太陽，可以任由一片片雜亂無序的烏雲飄過，不理會，只是看著，你知道烏雲來了，你知道烏雲走了，你知道無論烏雲再深厚，太陽一直都在。

當太陽顯露照耀大地，我們會有一種「淨化生命的感受」，我們會慢慢清晰聽到內心很深層的聲音，包含決定人生命運的「靈感」，指引我們從彷彿看不見未來的人生隧道中，迎向光明的那一頭。

每一個出現在我們心中的「好的念頭」，都是生命最珍貴的指引與道路。

創造善的印記

這陣子台北下了好幾個星期的雨，看不見太陽，加上溼冷的天氣，讓人感覺都快發霉了。可是演講行程滿檔的我，依舊要在全國各地奔波。

今天必須在假日前往宜蘭礁溪鳳凰酒店演講。通常假日出門演講，要留下兩個寶貝女兒給老婆帶，內心總是有些不忍，跟孩子們分開出門，內心有更多的不捨，加上在這麼溼冷的天氣，要去更溼冷的宜蘭，內心有著複雜的低氣壓情緒。

雖然心情不是那麼美麗，但我知道，必須要打起精神，因爲這是一場演講的對象是台灣最大民間銀行的頂尖理財專員，對於邀請我的主辦單位很重要，不容許任何的失常，所以如同過去一樣，我穿上帥氣的西裝、皮鞋出門了。

來到市政府捷運站的「市府轉運站」。到了地下美食街，點了一份炒飯、茶碗蒸，我找了一個位子坐下來。

過沒多久，一位年約十歲的小女孩，一手拿著長條狀的氣球，一手牽著年約四歲的小妹妹，看起來應該是剛參加完什麼活動，出現在我的眼前。

十歲的小女孩非常有禮貌的問：「叔叔，請問您對面的這兩個位子有人坐嗎？」

「沒有，你們可以坐。」我微笑回答。

十歲的小女孩牽著四歲的妹妹坐下後，又很有禮貌地問了她左手邊的一位阿姨：「阿姨，請問您旁邊的位子有人坐嗎？」

「沒有。」阿姨沒抬頭繼續滑著手機。

這小女孩的禮貌讓我印象深刻，加上那四歲的妹妹跟我們家虎妞差不多人，因此，他們兩個孩子的互動，吸引了我的注意。正當我有些疑惑，為什麼她們明明只有兩個人，卻要了三個位子？沒多久，一位年約四十多歲的婦女出現在她們的面前。沒錯，那是她們的母親。

我觀察了一下這位中年婦女，發現她的肢體走路不方便，加上講話有障礙，只能聽到「咿咿啊啊」的語句，加上她們三人的穿著，可以顯見家境應該不寬裕，我心裡就明白了，爲什麼那小女孩這麼成熟懂事、有禮貌了。

那四歲大的小妹妹突然哭了起來，她輕聲喊著：「姊姊，我肚子好餓喔。」

姊姊安撫著妹妹，跟妹妹說：「妹妹，乖，先不要哭，媽媽已經去買東西吃了。姊姊變氣球給你玩。」

姊姊拿起剛剛手上的長條狀氣球，沒多久，眞的變出一隻「蝸牛」。妹妹開心地把玩著，突然，妹妹調皮的拿著蝸牛說：「叔叔，給你戴。」

這個小舉動，又讓我想起了虎妞，雖然穿著一身「正式服裝」，但我依舊開心地接過那隻「蝸牛」戴到我的頭上。妹妹看見我戴上後，更開心了。

這時，那位母親拖著蹣跚的步伐回來了，我看見她手裡餐盤上只有一盤義大利麵，還有兩個小碗。母親坐下來後，將大部分的麵分給了兩個女兒，自己只留一小部分。

眼前的景象，讓我內心有一股「心酸」的感受，也理解爲人母親的困難……

沒想到，那個妹妹的食量驚人，過沒一會就把整碗麵吃光了！眼睛直睜睜地盯著我的「茶碗蒸」……雖然懂事的她不哭鬧，但仍忍不住輕聲哭著跟媽媽說，「我想要吃叔叔的那個……」母親顯得有些尷尬及無奈。

看著這樣的場面，我的內心浮現了一個簡單的「心念」。於是，我起身離開座位，去買了一份茶碗蒸，然後放在小妹妹的面前，「妹妹，叔叔這個茶碗蒸送給你吃。」

小妹妹看到茶碗蒸後，非常開心地笑了。

母親顯得很不好意思，一直想要拿錢給我，我沒收，並給她們看了我兩個女兒的照片，我跟她們說：「我也有兩個女兒，大女兒跟你們家妹妹差不多大，看著她，我想起了自己的女兒。所以看見她可以開心地吃茶碗蒸，我心裡也很高興。」

我剛講完話，一轉眼，那個妹妹已經吃了快一半……開心到眼睛都會笑……

當我離開美食街，心裡有種難以言喻的「溫暖感受」，並打從內心深處深信「今天一切都會順利的」……

●好運掌握在自己手裡

原本擔心假日客滿爲患的客運，沒想到當我來到搭往礁溪的客運入口時，幾乎沒有任何等候，人一到，車就來，上車就有空位，無縫接軌。

原本擔心宜蘭溼冷的天氣，沒想到當客運衝出雪山隧道的瞬間，讓人驚奇的是，宜蘭當地是非常非常晴朗的天氣，美麗的蘭陽平原及龜山島印入眼簾，頓時精神情緒都好了起來！

原本擔心這場針對菁英理專們的演講，沒想到到會場後才發現，好幾位主管都是我忠實的讀者，定期分享我的臉書文章給所有同仁，所以大家對我毫不陌生，而且熱切期盼我的到來與演講。

結果，這一天演講非常順利，獲得很熱烈的迴響，還當場預約了全國各地分行十幾場的演講。

每當我們伸出援手幫助別人後，我們會獲得很難以言喻的「好的情緒感受」，會覺得自己有能力幫助別人，滿厲害的，會覺得自己是個「好人」，而我們打從心底相信「好人會有好報」。所以接下來一整天我們會相信有「好事」發生，走起路來都輕飄飄地，連空氣都覺得清新許多，路上的人們好像都在對我們笑，這樣的「好預感的自信心」往往眞的能夠實現。

當我們與他人在某種緣分中相遇，我深信必然有「祂」的積極意義，當我們願意將珍貴的善念付諸行動，如同陽光衝破烏雲，照耀需要幫助的人的生命，我們會在心中留下「善的印記」，讓我們獲得「好的情緒感受」，並帶給我們信心及力量去面對現實的困難，**最初始的「起心動念」越純淨、越簡單，信心及力量就越大**。

生命的眞相是，「善的印記力量」會超越一切有形物，會在不可思議的過程中「轉化」外在世界，讓事情出人意料的順利進行。

這世界需要幫助的人太多了，或許我們幫助不完，但至少，當難得的緣分來到我們的生命之中，不要被自私的烏雲蒙蔽內心的太陽，在這個毫不起眼的瞬間，將決定我們要停留原地，還是超越自我，也決定了我們要任由命運擺佈，還是透過光明的力量轉運造命——**生命的好預感，掌握在你自己的手裡，幸運，是可以透過努力創造的**。

找到生命逢凶化吉的答案

「學長，爲什麼您看診的時候沒有戴口罩的習慣？我看很多醫師都會戴著口罩看病人。」葉醫師是一位我很尊敬的內科醫師，雖然我從小讓他看到大，但當我考上台大後，他就戲稱我可以改稱他爲「學長」。

「第一，我覺得這是對於病人的尊重。第二，其實在我們的生活環境裡，細菌與病毒無所不在，你根本不可能完全避免或提防，眞正的關鍵在於你自己的『免疫力』。」

「自己的『免疫力』？」

「沒錯。其實認眞講起來，導致我們生病的原因，絕大部分並不是細菌與病毒，因爲它們是無所不在，每個人或多或少都會接觸到，眞正的關鍵是自己的『免疫力』，只有當『免疫力』下降時，虛弱的身體才會讓這些細菌與病毒活下來，也才會導致我們有病兆出現。

「想要增強自己的『免疫力』，其實不需要吃一大堆補品，吃再多也不可靠，重點是你自己的飲食、運動及睡眠，從根本上把身體的『免疫力』建立起來、強大起來，才最重要。

「細菌與病毒只會尋找合適的虛弱身體環境落地生根，如果你自己的『免疫力』很強大，縱使細菌與病毒進到你的身體內，也會很快被撲滅，縱使有狀況，也不嚴重，最後都能『逢凶化吉』。」

這讓我思考，我們活在這個世界上，什麼是我們的「生命免疫力」？當我們面對毫無避免可能性的不好的人事物時，甚至是生命的無常及苦厄時，我們能夠憑藉的「生命免疫力」是什麼？簡單講，我們能夠憑藉著什麼「好好活著」？

在社會底層、貧窮環境長大的我，從小一直認爲，只要好好努力讀書，長大賺很多的錢，成爲一個很有地位的人，從此就可以過著幸福快樂的日子。然而，當我的父母相繼罹癌時，讓我深深體悟到，原來無論我擁有再多的金錢及地位，都無法平靜地面對生命的無常及苦厄，在命運的面前，金錢及地位顯得那麼不堪一擊，在命運的面前，我們顯得如此渺小。

如果我們拚了命追求一輩子的金錢及地位如此不堪一擊，那我們活在這個世界上，面對生命無常及苦厄時，能夠憑藉的到底是什麼？難道只能任由命運的擺佈？

●積善之家，必有餘慶

多年來，我一直沒有找到這個「生命答案」，這曾經帶給我很沮喪、很悲觀的生命感受及價值觀。

後來，我在《易經》中讀到了「積善之家，必有餘慶」這句話。

我永遠記得當時第一次讀到這句話的感動，讓我感受到一股強烈超越有形物的力量，讓我體悟原來善行所帶來的「無形的光明力量」，正是「無形的黑暗力量」的解方。

原來，過去內心的疑惑來自，冀望用金錢及地位這樣的「有形物質」，去面對無常及苦厄這樣的「無形的命運」，根本是以卵擊石……

這讓我找到了全新的人生方向，一種掃除黑暗悲觀陰霾的感受。

從那時，我開始履行「積善之家，必有餘慶」這句話，開始運用文字及演講去幫助影響很多人，我努力寫文章，並到各地去演講分享，希望從此就可以避開所有不好的人事物，可以過著幸福快樂的日子。

然而，我的人生卻沒有因此過得如我想像的順利。我還是遭遇到許多生活的壓力、挑戰及挫折，這讓我產生了「懷疑」的負面情緒。

每當我身處逆境之中，總會想著：「不是幫助別人就可以有好報嗎？爲什麼我還是會遇到不好的事情呢？」

曾經有一段時間，讓我很猶豫是否要繼續運用文字及演講去幫助別人……

然而，每當我產生懷疑、猶豫等負面情緒時，內心深處總會隱微地聽到一個聲音，告訴我：「這是你命中註定的責任。」

這個聲音不斷催促、驅使著我去接下了一場又一場的演講、寫下了一篇又一篇的文章。

後來在數年的時間裡，不知不覺中，我完成了數百場的演講，累積寫下了數十萬字的文章，終於，在某個未預期的時間點，我徹底衝破了內心所有懷疑及猶豫的負面情緒，它們不再能夠干擾我透過文字及演講去幫助、影響無數讀者的「信念」。

原來，過去的我，以為只要幫助別人，就會有好報，就不會遇到任何不好的事情，這是非常幼稚的思維。

●要有逆境只是一時的信念

當我仔細回顧，在我決定放棄律師，踏上作家之路時，縱然遇到了無數的挑戰及挫敗，也承受了非一般人可以理解的龐大壓力，但總是可以在某個時間點遇到貴人或發生不可思議的好事，無論再大的逆境，終究都會「逢凶化吉」，讓我順利的走到今天這個地步，從律師成功轉型為作家，並讓我前三本著作都獲得很好的銷售成績。

這讓我對於「積善之家，必有餘慶」這句話，有了更深一層的體悟——如果對於這句話的理解，僅止於「做好事有好報」的層次，就太小看《易經》這本書所隱藏的智慧了。

爲什麼「積善之家，必有『餘慶』」，而不是「積善之家，必有『大慶』、『中慶』或『小慶』」？而是剩餘的「餘慶」呢？

「積善之家，必有『餘慶』」的眞正智慧在於，一個努力幫助別人的人，不必然表示一輩子都不會遭遇任何不好的事情，**但因爲過往累積的善行產生的「無形生命免疫力」，會平靜地帶領我們度過這一切逆境**，縱使過程顚簸，但最後一定有一個「好的結局」。

這樣的體悟讓我相信，無論我遭遇任何的不順、挑戰、壓力、低潮，眼前的逆境都是「一時的」，最後的結局一定是好的，這是一種「逢凶化吉的力量」。

在這世上不好的人事物，就像細菌與病毒一樣，無所不在，我們不可能永遠避免接觸到它們，但它們只會尋找適合的負面環境落地生根。一個總是願意幫助別人的人，會一點一滴強化內在的「生命免疫力」，用通俗的話講，就是「正氣」，一個充滿正氣的「簡單的好人」，縱使壞人接觸到他，也不忍傷害，就像一個再壞的人見到陳樹菊女士一樣，壞也壞不起來，縱使遇到逆境，也從未失去盼望，因爲他發自內心相信，眼前的逆境都是一時的，最後的結局一定是好的。

問心無愧的努力，水到渠成的成功

很多人很好奇當初我是怎麼被「看見」的？我的生命故事是怎麼被「發掘」的？

當年我剛考上律師，在當實習律師的期間，有一天下班，經過台北車站的南陽街，看到一家補習班上面的班主任劉駿豪的名字，想起了高三時受到劉主任的許多照顧與教導，很自然走進補習班，想要拜訪劉主任。結果，劉主任不在辦公室，所以當場我只留下了名片，並請櫃台小姐轉告劉主任，向他表達當年照顧的感謝。

幾天後，劉主任打了電話給我，約我吃飯，並介紹補教界的超級天王沈赫哲老師給我認識，因爲這兩位貴人，開啓了我升大學補習班老師的生涯。

經過一段時間的努力，我逐漸在補教界展露頭角，開始負責擔任每一年學測補教界的解題老師。

一如往常，在某一年我代表補教界召開解題記者會，記者會結束後，劉主任閒談間與現場記者朋友們聊起了我的成長故事，記者們聽完後，感到很有興趣，回到記者休息室後，大家持續討論著。

當大家覺得很有新聞議題性，思考著是否要進一步訪問時，這時某一個報社的女記者也回到休息室，聽到大家聊的故事，覺得很熟悉，確認他們所說的「法羽老師」就是「許峰源」後，這位女記者瞬間又驚又喜，不但跟大家保證我的故事的眞實性外，還「爆料」更多我奮鬥的小故事……還有當年在兩小無猜的年紀時，曾收過我送的一個小小情人節禮物……原來，這位女記者是我的國小、國中同班同學小瑜。

後來，因爲每位記者都想要做獨家專訪，經過大家協調後，決定來個「四大報聯訪」！

就這樣，我的故事因此同時登上台灣四大報，還上了雅虎奇摩的新聞首頁，「許峰源」三個字從此開始有人認識了，在「網路搜尋得到了」，我從此有了「被看見的機會」。

如果當年我沒有走進補習班，遞上我的名片，向劉主任表達感謝？如果沒有因爲劉主任的介紹認識沈赫哲老師而站上升大學補習班的講台？如果沒有因爲自己的努力及表現受到肯定而擔任記者會的解題老師？如果沒有劉主任在記者會後的閒聊？如果沒有一起長大的小瑜的進一步介紹？我的故事還會被看見嗎？

這世界上有太多人比我更優秀，比我更努力，但爲什麼是我「被看見」？

●追求善緣，成功自然水到渠成

年輕的我很驕傲，以爲可以透過自身的努力戰勝生命的一切挑戰、可以控制所有成功的因素。然而，當我仔細檢視自己的過往，深深感受到在命運的面前，無數的「巧合」讓我們顯得如此渺小。

生命是由無數有形的、無形的、可控制的、不可控制的因素所組成，然而，眞正決定我們命運的，往往是那些無形的、不可控制的因素。

我發現幾乎所有有錢人都篤信命理、風水，因爲當他們回顧自己一生的發跡過程，一定會願意承認，除了自身的努力奮鬥外，能夠達到目前的成就，必然在生命的歷程中，在某個關鍵時間點、遇見某個人、做了某個決定，這一切巧合無法解釋，最後只能歸諸於「命」及「運」。

所以古人說：「一命、二運、三風水、四積陰德、五讀書。」除了最後一個「讀書」是可以靠自己努力、控制的，其他都是「無形的力量」。

我們常聽到非常有智慧的企業家或前輩說「人生不用強求，一切『隨緣』。」

以前年紀很輕的時候，總認爲這是一個很消極的思維，但歷練越深，對這句話的感受就越深。

你有看過小丑的丟球表演嗎？能夠同時丟五顆球就很厲害了，但你想像他們能夠接一百顆、一千顆、一萬顆球嗎？

成千上萬的人在每分每秒的念頭、語言、行動加總起來的數量有多大？我們縱使是再厲害的小丑也無法接收、掌握百萬分之一的訊息。

這個世界是由幾十億的人類、無數生物、無數自然環境因素等在無時無刻同時運作所形成的，憑我們一個平凡人可以看到、想到、控制到多少？

紅外線就是我們眼睛看不到的、超音波就是我們耳朵聽不到的，我們的身體本身就是限制，對於這世界的極細微動態運作我們能夠知道多少？

人不用太會算，因爲人終究是算不過天的。

我們必須承認，自己從未也無法看透世界運轉的全貌。

「無形的力量」一直是我所信仰的，當你越是洞察生命的眞相，越是觀察一切人事物的無常性及不確定性，我們自然會在心裡湧現「謙卑」情緒，我們必須懂得「放手」，不再自以爲可以緊緊抓住一切、控制一切。

生命中的一切無法控制，我們唯一能做的，就是專注透過「質變自己」產生「正向吸引力」而獲得。

否則控制強求來的一切必不持久，而且往往會有一定的後遺症。就像一個沒有深厚人格德性的人，縱使獲得財富、站上某個位置，也會因爲人格特質的瑕疵，很快地就會失去一切，把持不住、留不住成功，道理很簡單，因爲「名不符實」。

所以我常跟學生們分享：「不要讓人短時間內對你大喜過望，而是要長時間不失望。人一生要追求的，就是人格修煉的累積價值。」

不斷修煉自己的心性，不斷累積善緣，透過善的力量逐漸質變我們的心，讓自己的心往好的方向發展，讓我們成爲一個「更好的人」，就能產生無形的「轉運造命」的力量，並隨著一個又一個善緣的指引，幫助更多的人，啓動善緣無盡的循環，這就是所謂「隨緣」的智慧。

不要急著控制一切，不要天眞地要求凡事如你所願，只要專注將自己準備好，做到「問心無愧」的努力，追求「水到渠成」的成功，其他就交給老天吧。

第三章

在談夢想之前

不因價格限制你的付出

從第一本書《年輕，不打安全牌》出版到現在，我一直維持一個好習慣，就是只要讀者願意團購我的著作，我都願意專程到出版社爲他們購買的每一本書親筆簽名。

每次我都會分派任務給法羽幫的孩子來當簽書小幫手，協助我進行簽書。法羽幫的孩子曾經好奇的問我：「老師，爲什麼您願意這麼辛苦在每一本書上簽名題字？簽不簽名版稅都一樣啊？還是說這是一個增加銷售量的方法？」

「你知道老師至少簽過多少本書了嗎？」

「不知道，但每一次看老師至少都簽五百本以上，有時候還要簽上千本！」

「在未經正式的統計，我至少親自簽超過一萬本書了。」

「老師爲什麼不願意像一些知名作家直接將簽名印上去，或者用印章蓋上去就好，每一次都要花上一整天的時間來簽名，手應該都痠爆了吧。」

「因爲當我用心在一本書上簽上我的名字，這本書就有了全新的意義，它已經不只是原來的那本書了。」

在商業場合中，很多人是採用「成本效益分析」來進行商業活動，每付出一分的成本，必然要得到更大效益的回收，如果額外多付出一分的成本，就會侵蝕原本的利潤空間。

然而，在我看來，這是以一種狹隘及膚淺的觀點看待這世界的運轉規則。**當我們只著重於銷售量，只關注一本書的版稅收入時，這個過程就只是一個「交易」，它能夠帶給人們的，就僅限於我們自己爲它設定的「價格」。**從這個角度來說，我們爲它所做的一切都只是有目的性、功利性的考量，如果能夠增加銷售量，才多做一些事情，如果不會增加銷售量，就少做一些事情。

我非常愛逛書店，只要經過書店，除非高鐵快要開了，否則我一定會爭取進去逛逛書店的機會，縱使只有五分鐘，能進去書店摸摸書的感覺，也讓我感到滿足。

每一次在書店裡，我都會思考一個問題，在書店裡充斥的數萬本書中，一位讀者是在什麼樣的緣分下，才會看見我的書？才會願意拿起我的書翻閱？是什麼樣的緣分，才能讓他們願意把我的書拿到櫃台結帳帶回家？

我們彼此間必須有著多麼難得的緣分，我的文字才能讓他們有所觸動，產生共鳴，然後願意花錢買下我的書。

這就是我看待我自己每一本著作的思維，一個**與無數人產生難得緣分的媒介**。雖然我也愛錢，也希望書籍的銷售量很高，可以賺到很多的版稅，但這從來不是我寫作的「最初心念」。

我認爲，人與人之間的緣分力量是無限大的！無論是善緣或惡緣，都能夠產生無限大的力量，至於是善或惡，取決於我們的「起心動念」，也就是「初衷」。

●超越價格框架的善緣

當我們做每一件事情，馬上考量的是價格、成本、利潤時，我們的視野就有了很大的限制，導致我們從未看清世界運轉的全貌。事實上，「成本效益分析」本身就是一種極為狹隘的觀點，我們不願意多付出一些，因為「怕吃虧」，這使得我們被「價格框架」限制住了。

如果眼前正在簽名的這本書，可能帶給我們一萬元、十萬元，甚至一百萬元的財富收入，我們是否願意專程去出版社簽名？我們還會只把這本書視為兩三百元的「營業額」嗎？

或許我們會問，這是真的嗎？這可能發生嗎？

然而，或許就是這個「懷疑的負面情緒」困住了我們，所以一本書永遠只是單純的一本書，只是幾萬個字附著在幾百頁紙張上的一本書。

因為我相信「善緣的力量無限大」，從不懷疑，所以這些好事真的都發生在我身上，因為一本簽名書帶來的好緣分，我有舉不完的實例，我不是比較幸運，只是因爲我眞心相信。

不要被別人付給我們的「價格」限制我們的付出程度，**我們對於一件事情的看重與付出程度，會決定它的「價値」以及它將產生的「力量」**。

當我們願意以開放的思維重新看待生命的一切，只要我們細心觀察「緣分」在整個過程中扮演的關鍵角色，我們的心就能感受到那無形但眞實存在的力量。

當我用心在每一本書上簽名，它將能與無數人產生難得的緣分，當我越看重每一位購買我書的讀者、越用心在每一本書上簽名、守護我撰寫每一篇文章的初衷，就越能賦予這本書強烈的正向意義，就能破除表面「價格」的框架限制，用更寬廣的生命視野，與無數人分享這本書的「價値」。

一本書，在我心裡，從來就不只是一本書，而是與無數讀者的好緣分，所以我願意用心在每一本書上簽名，我相信，只要把眼前這個看似不起眼的小動作持續不斷做下去，這個「好的起心動念」會產生「超越的力量」，帶來難以想像的好結果。

到目前為止，我前三本著作《年輕，不打安全牌》《心的強大，才是眞正的強大》《被支持的力量》，都獲得很好的迴響，每一本都有破萬本銷售量的好成績，並持續不間斷一刷又一刷再版中。這一切，都不是我計算或分析得到的，而是我願意放下功利計算的心態，願意「超越價格限制的框架」後，所必然產生的好的結果。

建立生命的支持系統

我站在一個半圓形、類似演奏廳的大型階梯形教室演講。現場讓我感到意外的是，來了將近兩百名學生，迥異於過去常常只有不到幾十個人的大學校園演講。

在演講的後半段，我用餘光瞄到工作人員把一個個疑似裝滿飲料及食物的袋子放到教室的最後方。當演講結束後，我認眞看了那一個個袋子。

哇！原來今天每一位到現場聽演講的學生們，除了算上課學分外，還可以領取一杯85度C的咖啡跟一份餐盒……眞是辛苦主辦單位的用心了……也打破我自以爲有魅力的幻覺……

掌聲逐漸平息後，負責這場演講的學生生涯規畫單位的李老師宣佈接下來是問答時間，同學們可以自由發問。

剛開始，大家有點安靜，我也顯得有些尷尬。還好，大約沉默了不到一分鐘，一位個子高大、原本大辣辣斜靠在舒服椅墊上、留著跟陳奕迅一樣的亂中有序的髮型、穿著A&F緊身T恤、低腰帥氣牛仔褲的男大生舉起了手，時尚的穿著搭配德國進口的ic berlin黑色眼鏡，讓他看起來顯得很時尚、很有自信。

「許老師，你整場演講似乎談到很多『責任』的重要性，但我認爲，人一輩子最重要的就是追求夢想，去做自己眞正熱愛、眞正想做事情，這是至高的追求，毫無妥協的餘地。如果不能追求夢想，那人生就毫無意義，跟死了沒有什麼差別。」他眼帶一絲敵意的自信說著。

我只是淡淡地回答他：「如果人生最重要的是追求夢想，那在美食街幫忙打掃收拾的清潔工、在餐廳廚房工作的洗碗工、每天穿梭大街小巷的垃圾清潔隊員，這些人熱愛他們的工作嗎？從你的觀點，這些人的人生是毫無意義嗎？如果他們剛好是你的父母親，也用了這份工作微薄的薪水養育你長大成人、供你上大學念書，他們的人生眞的毫無意義嗎？」

現場彷彿陷入某種集體沉思的靜默中，彷彿有某種衝擊在大家的心靈深處低頻振盪著……那個帶著不服氣卻又說不出話的男大生疑惑、若有所思的坐了下來。

●責任才能造就夢想

網路上、書市裡有無數的演講、書籍用力的跟大家倡導「追求夢想」的重要性，這類議題可以讓聽衆及讀者感受到熱血沸騰，很有市場，很有賣點。

但，我從小很少去設定所謂的「夢想」，我只是希望有一天靠自己的努力賺很多錢，讓父母親可以過上好的日子、讓我們許家可以翻轉貧窮的命運，驅使我奮鬥的是「責任」。

在演講中，我很少跟孩子們談論「夢想」，因爲我認爲：

人活在世上一輩子，最重要的不是追求「夢想」，而是履行命中註定的「責任」。

所謂的夢想，往往連結到我們最熱愛的事物、最想要做的事情。當然，

可以毫無顧慮的追求夢想是美好的，但生命的現實卻往往會讓我們在「夢想的追求」與「責任的履行」之間矛盾抉擇。有時，想要不顧一切追求夢想的話，就必須逃避責任；有時，想要履行責任，就必須放棄夢想。

記得我在交通大學讀研究所的時候，同學們的家境都還算不錯，幾乎每個人都規畫碩士畢業後，就要到美國、英國、德國去留學，我的內心也曾有過出國留學的憧憬，但父母親接連的生病，家裡經濟的重擔，讓我沒有選擇，只能放棄夢想，履行最基本爲人子女應盡的責任。

我不曾埋怨自己的命運，因爲在內心深處，我認爲一個眞正強大有本事的人，是願意且能夠在肩膀上承載對於無數人的責任的人。

我從自己的生命經驗體悟到，每個人活在世上，都有自己獨一無二的命運與際遇，不是每個人都那麼幸運可以追求夢想，所謂的「一人一款命」就是這個道理。

如果，你能夠無後顧之憂地做眞正熱愛的事情，恭喜你，代表你是個「好命」的人，如此而已，但不代表別人沒有追求夢想就是失敗的，他們也想，只是無法而已，或許他們做了人生其他更有意義的選擇。

爲什麼像清潔工、洗碗工、垃圾清潔隊員、下水道淤泥工人、水泥打石粗工等，如此辛勞、枯燥乏味的工作，仍然有人願意去做？我相信，幾乎不可能是因爲這些工作本身帶來的「樂趣」，他們更不可能熱愛這些工作。就像我父親當年辛苦踩著三輪車沿街叫賣臭豆腐，我知道，他自己應該也不愛臭豆腐吧。

那他們爲什麼願意去做呢？

很簡單，因爲這些工作可以帶給他們金錢收入，哪怕只是微薄的薪水，卻能帶給一家人「溫飽」。看著自己辛苦工作換來的錢，可以讓一家大小吃飽、穿暖、供孩子們上學讀書、成就孩子們的人生，就算再累也是值得的。

在他們的心裡，談不上夢想，他們的動力是來自對家人的「責任」，**對他們來說，能夠靠自己長滿厚繭的雙手來支撐起這個家，就是最大的人生意義。**

縱使再枯燥乏味的工作、再辛苦的工作，只要我們能夠找到某種生命意義的連結，我們就會擁有繼續走下去的力量。**人不怕辛苦，怕的是忙碌的毫無意義**。

●人生最難得的生命支持系統

當我們的一生，能夠超越自我利益，為家人的幸福努力付出，讓身邊的朋友因為我們的存在而快樂，代表我們正在建立一種難得珍貴的「生命支持系統」，一種在我們一生當中，無論快樂或痛苦，都有無數人支持我們、陪伴我們、跟我們一起哭、跟我們一起笑的支持系統，這種感受很真摯、很溫暖，是我們在風風雨雨的人生中，一直往前挺進的最大力量。

弔詭的是，**這種支持系統無法「為自己」只能「為他人」奉獻才能獲得**，當我們放下自我越多、為別人奉獻越多，我們的「支持系統」就越穩固強大，我們會與無數人建立一種「相依為命的一體性」感受。

甚至到達某種生命境界後，我們會體悟，原來老天給予我們的「天賦」，不只是讓我們獲得物質享樂生活的工具，而是一種「責任」，一種為了超越自我、為社會帶來正向影響的責任。

很多年輕人努力設定了，二十五歲要賺到第一桶金、三十歲要買下人生第一棟房子、三十五歲要獲得財富自由等目標……

但或許你也曾發現，這些從小到大所做過的「宣誓」極少眞的達成。不一定是我們努力不夠或能力太差，而是計畫永遠趕不上變化。

事實上，生命一直處於一種極為微妙的、幾乎沒有預測可能性的「動態運作」，沒有人可以精準預測自己的人生際遇，就如同沒有人可以精準預測股市的漲跌。

但我們也無須悲觀看待，我始終相信，人一生的道路，會在履行了一個又一個人生責任後，逐漸清晰開展出來。

我們要做的，就是勇敢面對每一個來到我們生命中的責任，心無旁鶩的、用盡全力地做好、做圓滿，當我們專注履行一個人生責任的過程中，縱使我們毫不知情，但我們正一步步踏實地走在命中註定的道路上，我們會在生命的某個時間點，聽到內心深處的聲音，一如以往，讓我們感受到「時候到

「」，並指引我們走向下一個階段的人生道路，一條問心無愧的人生道路。

先別急著販賣自己

從事羽球運動多年，看過很多個剛進入羽球運動領域菜鳥的學習過程。羽球的基本球路包含高遠球、切球、平球、挑球、網前球、殺球等手法，此外，還包含場上移動的步法及擊球時旋轉身體的身法。

簡單說，羽球的基本動作包含手法、步法、身法三個部分，當然羽球是非常消耗體能的運動，如果沒有足夠的體能打底，一切技術都不可能完整展現。

很多初學者剛開始學羽球時，都會希望可以趕快開始比賽，打PLAY，擺脫枯燥乏味的「基本動作」練習。他們往往著急著上場進行自己以爲的比賽，然而整個PLAY的過程中，撿球的時間遠超過打球的時間，因爲沒有足夠的基本動作，根本撐不了幾個來回，甚至常常因爲錯誤的動作、觀念、肌力的不足導致運動傷害。

菜鳥們會認爲自己之所以打不好，是因爲某個動作沒做好、剛剛擊球太著急、想要打得太漂亮、剛剛不夠專心等等。他們還會很認眞的來請教更高級的擊球技術，例如怎麼樣才可以把反手拍打好、怎麼樣才可以打出更威猛的殺球、怎麼樣才可以打出對角切殺、怎麼樣才能做出拐騙對手的假動作……**他們認爲之所以輸給對手，是因爲缺少這些「更厲害」的武器**。

問題是，你站著打都打不好了，在激烈的移動過程中，怎麼可能打得好？高遠球都打不好了，怎麼可能打出犀利的切殺球？更重要的，無論你的手再厲害，如果在球場上你的腳根本跑不到位，一切都是白講的，還有，如果你的體能暴弱，打沒幾球就開始喘不過氣，一切技術、力量都只是搞笑而已。

每當我告訴他們，「你們認爲的問題，不是問題」，「基本動作」才是關鍵，在我的經驗裡，幾乎沒有人可以聽進去，因爲一想到那長期枯燥乏味、痛苦的基本訓練，腿都軟一半了！然而，這也是他們之所以停滯不前的眞正原因所在。

菜鳥之所以菜，不是資質能力問題，而是他們看問題的深度及廣度有問題，簡單說，**他們認爲的問題通常不是眞正的問題**，但他們卻往往被自以爲的問題羈絆住，或者說他們選擇逃避了眞正關鍵的問題，導致他們浪費了無數的時間。

一個久經沙場的前輩，不只是年紀比我們大而已，他們最寶貴的是「心靈資產」，就是他們跌跌撞撞多年來，淬煉出的經驗，或者說是教訓，這些東西不是做白日夢能想出來的，而是用「生命歲月交換得來」的。

這類心靈資產最具體的展現就是，他們知道「眞正的問題在哪裡」。每個人的生命有限，如果我們越能避免在「不是問題的問題」上鑽牛角尖、浪費時間，就越能集中所有火力去解決「眞正的問題」，縮短達到成功的歷程。

生命有趣的現象是，閱歷資淺的我們自認爲立即有效的方法，往往都只能在很表淺的層面上打轉，眞正能夠很精準、長效的提升自我成功可能性的方法，看起來都是很枯燥乏味、很花時間、很痛苦的。

只要我們仔細觀察，那些眞正成功的人，跟頂尖的運動選手一樣，幾乎都有一個共通的人格特質，就是他們願意把枯燥乏味的基本動作做得非常扎實，並且最關鍵的是，他們都願意「忍耐」及「等待」。

●名譽才是一個人最大的財富

我們都是年輕人，我們也都著急成功，但成功最快的捷徑就是「慢」，一種專注、踏實、忍耐、等待的「慢」。只要你願意「慢」，急躁、混亂、急功近利等負面情緒就無法干擾你、制約你，一個懂得「慢」的人是強大的，越慢越有自信，這是一種「慢心自信」。

以前我剛出社會時，跟所有菜鳥選手一樣，花了無數的時間去解決許多「不是問題的問題」，所以那時的我，是年輕的執業律師、升大學補習班公民老師、司法特考、高普考民事訴訟法老師，也待過補習班帶領招生業務團隊，甚至爲了賺更多的錢，瘋狂的在台北金華國中附近開了一家很小的補習班……我緊抓每一個可以「販賣」自己的機會，我非常著急想要趕快賺到錢、趕快成功。

直到後來歷經不少教訓後，才讓我大夢初醒，原來當我將星期一到星期天從早到晚的所有時間塞滿工作，感覺上我很努力、很打拚，但實際上都只是單純地「用最初始的勞力時間去換取金錢」，讓「許峰源」三個字用很廉價的方式「販賣」出去。這讓我深深體悟到，過去幾年其實只是在窮忙，甚至是對於「許峰源」三個字的消耗。

在社會上，最強大、最無遠弗屆、最源遠流長的力量，就是一個人的「名聲」。只要一個人有好的名聲，擁有強烈的「正向影響力」，一定能夠賺到讓我們難以想像的財富。

然而，一個人的名聲絕無可能在短時間內創造，必須要經得起無數人多年的檢驗，透過一次次利益誘惑的人性考驗，才能建立被敬重的人格特質，累積深厚的人脈情分。

就是這麼「簡單的基本動作」。

只要有好的名聲，你會擁有好的人緣，你會吸引無數的人脈靠近你，好人緣會帶來無數賺錢的機會，你一定能夠賺到大錢。相反的，如果你的名聲很差，縱使你的能力再強，終究會受到難以想像的限制，講得更深入些，人在社會上混，到頭來成敗的關鍵就是大家對我們的評價，也就是「名聲」，也就是你是不是大家「信得過的人」。這是身爲菜鳥、眼光短淺的我們很難洞察及體悟的，但卻是最眞實的潛規則。

但我們也要有心理準備，建立受人敬重的人格特質，一點一滴累積好的名聲，這件事非常違反「自私自利的負面人性」，而且最艱難、最痛苦的是，這件事你再著急也沒用，越急越壞事，越慢才越好。

曾有一位董事長問我：「峰源，你缺不缺錢『吃飯』？」

「不缺。」我回答。

「那你缺不缺錢過普通人的生活？」

「不缺。」我有點疑惑的回答。

「那你這小子到底在急什麼？」董事長帶著教訓的語氣說。

這個簡單的問答，改變了我的思維，也扭轉了我的命運。

找一份可以養活自己的工作，過著簡單的生活，不要讓不當的物欲、虛榮感控制你，不要急著「販賣」你自己，急著賣就不值錢，而且越賣會越跌價！不用在意短期的「成交量」，成大事者要能夠「忍耐」，要經得起「等待」，**在那段彷彿看不見未來的日子裡，你唯一要做的就是持續地深化自我能力，專注珍惜幫助別人的機會，拓展自我聲譽的深度及廣度**，當累積的善緣突破扭轉命運的臨界點時，一切就會豁然開朗、水到渠成。

監控自己的好鬥心

有一次在南京吃飯，跟大陸朋友聊起「堵車」的經驗，原本以爲台北的交通已經夠堵了，後來聽到大陸朋友說，他們在過年春運期間，曾經在不到一百公里的路程中，竟然活生生堵了二十七小時！

當我們設定一個人生目標後，如同開車上路一樣，相同的一段路，堵車或不堵車花費的時間會差很多，我們的生命是一個動態的推進歷程，一路上無謂的紛紛擾擾越多，我們前進的速度就越慢，我們離成功的時間點就越遠，甚至阻塞得太嚴重，或者因爲貪快造成了嚴重的車禍，可能導致我們永遠無法成功。

人生充滿各種干擾，導致我們心的潛能無法徹底發揮。然而，只要我們仔細觀察，其實很多干擾都是「我們自己造成的」，都是「可以避免的」，尤其是人際關係的緊張、矛盾與衝突。

例如，有時候我們**討厭一個人，只是因爲那個人沒有滿足我們的期待**，但說實話，他並沒有做錯什麼，他本來就沒有義務滿足我們；有時候我們討厭一個人，說到底，只是嫉妒他的一切，他並沒有招惹我們。這些「期待」「嫉妒」等情緒，很多都是我們自己想像出來的「干擾」。

除了我們討厭的人外，更進階的就是我們的「敵人」，一個我們用盡全力想要擊敗、鬥倒的人。當我們陷入鬥爭的氛圍後，總以爲只要鬥贏這回合，清除眼中釘後，從此就能過上和平的日子。但其實這只是一種幻覺，因爲新的敵人很快就會出現，新的鬥爭很快就會展開，甚至當初的「盟友」可能會轉變爲「新的敵人」。

當我們努力朝成功目標邁進時，只要存在一個敵人，我們就會有不時被人從背後捅一刀的恐懼，需要耗費極大的心力去提防、去對抗，何況當敵人不只一個或者因爲鬥爭過程捲入更多人的時候，更會讓我們疲於奔命的消耗能量。

鬥爭，是一種無止盡的循環，連續性的鬥爭讓我們連喘息的空間都沒有，直到我們看透真相，直到我們謙卑自省發現，原來問題的根源不在那個所謂的「討厭的人」或「敵人」，而是我們內心深處潛藏的「好鬥心」，一種「我對你錯」「我贏你輸」的負面黑暗力量。

當潛藏在我們內心的「好鬥心」不小心顯露時，會讓我們有意無意間去批評別人、抱怨別人、希望別人失敗，當別人感受到「敵意」時，就會在他們心裡留下「對我們的負面印記」（就像當你感受到別人討厭你時，你也不會想給對方好臉色看，你也會討厭起對方），然後在未來的某個時間點，只要有機會，對方就會想要好好「回報」我們，或者永遠在某個角落祈禱我們失敗、落魄。

這樣的「負面印記力量」存在的時效遠比我們想像的久很多。

●懂得把話吞回去，暫時閉嘴

多年前，在一次飯局中，我認識一位賴姓立法委員，當時只是見面認識互換名片，並無特別的深談。後來，輾轉聽到他跟我一位大哥「批評」我，可能當天晚上我沒有抱以崇拜的眼神去稱讚他的高論吧。這讓我內心感到不太舒服，也就讓我「記下」了這位大立委。

那次飯局後，我們再也沒有見過面，也沒有任何的互動，經過好幾年後，聽說他在爭取立委連任時，落選了，我的內心竟「不自覺」感到很開心，這個念頭讓我感到很震驚！

這個人只是「隨意」批評我一下，這個「負面印記」竟然在我心裡存在了這麼久，縱使中間沒有其他的互動，卻依舊讓我「討厭」他，聽到他不好的消息，竟然會有這種不可思議的愉悅感。

這讓我深深的反省，這麼多年來，自己是否在無意間去「批評」「抱怨」別人，在無意間「得罪」了多少人啊……只是「隨口」的幾句話，竟然有如此深遠的「負面影響」，何況是直接當面批評或抱怨呢。

當然很多時候，確實有很白目的人，我們很難讓自己不討厭他們，但就像騎車在路上，也總會遇到開車或騎車很白目的駕駛，雖然不喜歡他們，但至少可以「監控」自己的負面情緒，沒必要追上去與對方發生爭執或衝突。這種「不必要」的衝突，通常會演變成不可收拾的結局。

「監控」自我的負面情緒，尤其是那潛藏內心深處的「好鬥心」，只要我們不主動討厭一個人，不主動設定一個敵人，不讓負面情緒「顯露」去傷害任何一個人，當想要批評別人、證明「我對你錯」的念頭浮現的瞬間，逮住它，把話吞回去，暫時把嘴巴閉上個幾分鐘。

只要你願意試試看，會發現當你強迫自己閉上嘴時，不准自己脫口而出任何惡語，只要一小段時間，你會慢慢感受到內心負面情緒的融化、崩解，最後消失無蹤，每成功一次，你就會更增強一些戰勝自己的自信心。

這個小小的舉動，能幫助我們避免許多無謂的人際紛擾、逃離許多無止盡的鬥爭循環，只要好好「監控」自己的好鬥心，就能創造一個淨化後的、讓我們專心發揮潛能、邁向成功的生命環境。

專注力是有限的珍貴資產

剛結束中午扶輪社的例會行程，離晚上法羽幫在公館的聚會，下午有個空檔。

今天氣溫驟降，穿著西裝，圍著絲質圍巾，還是可以感受到外頭寒流，加上飄著不太小的雨，忘記帶傘的我，一出公館捷運站，趕緊連走帶跑的來到附近我常去的星巴克。

點了杯每日精選熱咖啡，坐了下來，打開筆電，像個文青般喝了口咖啡，身體頓時暖了不少。

今天是三月七號，每個月七號，是博客來網路書店的會員日，加上我本身是鑽石會員，如果在這天買書可以享受到比較好的優惠。

趕緊進入博客來網站，看看這個月的會員日有什麼特別的好康。

除了博客來的網站外，也習慣性地同時開了 Yahoo 首頁看新聞、Youtube 網頁聽音樂，也順便打開 Line 程式回覆一個個留言，擔心音樂吵到隔壁的客人，從包包拿出耳機插進電腦、帶上耳朵，瞬時間整個環境都安靜下來，彷彿與外面的世界隔離，只剩下眼前螢幕裡一個又一個開啓的程式與視窗。

現在博客來網站很強大，透過電子網頁化的書籍介紹，讓讀者在很短的時間內看到很多資訊，加上網頁的大數據技術，透過後台程式設計，依照過去的消費習慣，讓讀者可能感興趣的書以最簡便、最快速的方式呈現在我們的眼前，吸引我們「眼球的注意力」。

今天的優惠實在誘人，因爲除了每月七號的會員日，又剛好碰上「國際書展」，三本七五折，滿一千元現折一百元，滿二千元再打八八折，又贈送三%購物金回饋及兩百元的抵扣券……所以開始瀏覽一本本我喜歡的書籍介紹……

沉浸在書海中逛了又逛，一本接著一本看下去，一口氣看了幾十本後，感覺到有點累，專注力有些渙散，於是停了下來，再喝了口咖啡，點進去「購物車」，赫然發現「購物車」裡已經擺上了十六本書！

雖然有很大的優惠，但一口氣買這麼多書好像有點亂花錢……可是這些書我都好喜歡……家裡書架上等待我閱讀的書已經堆積如山，已經累積到編號第一七七號……可是折扣又這麼多，錯過這次國際書展的話，不知道何時才又會有這樣的好折扣……現在不買，未來這本書絕版了怎麼辦……

當我猶豫時間越長，矛盾時間越久，不斷掙扎於「不應該亂花錢」與「捨不得錯過」的交雜情緒漩渦中，最後情緒戰勝了理智，在「衝動的情緒」驅使下，我決定全買下來，當我結帳時完成線上刷卡後，內心有一種說不出、詭異的「解脫感」……

隔幾天，一大箱的書寄來了，拿著刀片割開膠帶封條、打開書箱，看著雄偉堆疊的十六本書，雖然每一本都喜歡，但一如往常，把這些書擺上了書架，排列在「等待閱讀書單」的位置，我的書單又增加了十六本，編號爲第一七八號到第一九三號……

望著近兩百本的待讀書單，想到過去一次次在衝動情緒驅使下，買下了這麼多本書……如果未來依舊不斷讓情緒戰勝理智，不斷讓待讀書單累積下去，不只是錢的問題，而是我根本一輩子都讀不完，最重要的是，家裡根本沒有足夠的空間用來擺放那麼多的書……但爲什麼我總是敗給衝動情緒——衝動情緒的負面力量，在我心裡留下了一個「疑惑印記」。

●是否習慣多工、注意力散漫？

隔幾天，我帶家人逛好市多。每次逛好市多都有無止盡的折扣、優惠組合、限時商品……一兩個小時逛下來，推著推車走到結帳區，才突然發現推車裡已經堆滿像座小山的商品……我眞的「需要」這麼多東西嗎？還是我只是「想要」而已？那個很熟悉的「捨不得錯過的衝動情緒」又來了……

我開始仔細回想整個購物的流程……

當我們被各種優惠、特賣、限時等爆量資訊轟炸，當我們不斷瀏覽、不斷做選擇，「專注力」會迅速消耗殆盡，然後我們就會進入「專注力疲乏狀態」，會失去本該有的理性判斷力，屈服於「衝動的負面情緒」，然後刷卡結帳——也掉進了業者預先設計好的「行銷策略」。

我發現，**專注力越高，理性的決斷力就越強**；專注力越低，甚至進入疲乏狀態後，就會被各種情緒控制與驅使，做出錯誤、不理性的決定。簡單講，專注力的高低與我們能否擺脫情緒控制、能否擁有「心靈的自由」，有很高度的關聯性。

仔細思考一下，我們多久沒有專注完整看完一本書？多久沒有從第一個字到最後一字專注看完一篇文章？我們的注意能力是否已經無法進行「深度閱讀」，而只能「跳躍式快速瀏覽」只有幾百個字、只是帶著聳動標題的網路新聞？

當我們打開電腦，多久沒有只開一個視窗，好好的、專注的完成當下最重要的工作？還是習慣性同時開了新聞網頁、Youtube 有趣的影片、Line 的聊天程式、工作視窗，還外加耳機聽著音樂？然後只用很低的專注力處理「正事」，卻總是抱怨自己「時間不夠用」？

這是一種「專注力散漫現象」。

在這個智慧型手機、網路社群發達的時代裡，我們的「眼球注意力」總是不斷被手機、電腦螢幕裡各種新奇的事物所吸引、消耗，我們能夠維持專注的時間變得很短，很容易被雜念思緒、Line 訊息、電子郵件給遮斷，我們已經習慣用很低的專注力去活著……

「專注力散漫現象」一旦成爲習慣後，就會容易產生「專注力疲乏現象」。

不知道你有沒有發現，最近幾年來，我們很容易感到疲倦，明明沒有做什麼事情，但就是莫名地感到疲累，其實，這就是「專注力疲乏現象」的證據。

當我們總是「多工使用」專注力，就像手機大量多工使用一樣，不只程式跑得越來越慢，電力也會大量消耗，很快就沒電，我們很容易陷入「專注力疲乏狀態」，更糟的是，我們的專注力電力很少，絕無法像 ipad 一樣連續使用十小時。

尤其當我們已經習慣多工、散漫耗費專注力，我們的「專注力」就像一顆被操爆的手機電池，縱使充飽電也僅剩下極微小的電力——早上七八點出門還顯示一〇〇%，不到十點就已經掉到剩五五%不到的窘境，手機還可以帶「尿袋」——行動電源出門，眞的不行還可以乾脆換一顆全新的電池，而我們人類好像只能無奈地灌下一杯又一杯的咖啡……

●專心做好當下最重要的事

「專注力」遠比專業知識重要太多，一個處於「專注力疲乏狀態」的人，腦袋是一片空白，縱使有再高深的專業知識，也不可能做好任何事情。就像一個運動選手縱使有再好的技術，當體力耗盡時，一切都是枉然。

更重要的，當我們專注力耗盡時，內心就容易被煩躁情緒籠罩，產生非常多副作用，特別是人際關係的對立與衝突。就像我們加了一整個晚上的班，半夜十二點多拖著疲憊身軀回家時，已經累到無法好好聽聽家人說話，對很多事情抱持「隨便」的態度，最常說出口的話就是「隨便你們，你們高興就好」，但又看什麼事都不順眼，動不動就「毛」起來，亂發脾氣，就像我們低頭滑手機趕路時，撞到前面「擋路」的人那種不爽感覺，彷彿都是別人的錯，全世界都是我們的阻礙……在我們不自覺中，做出許多難以彌補的錯誤決定或傷害——陷入「專注力疲乏狀態」，我們就失去覺知的能力、失去自我控制的能力，我們不只很難贏過別人，甚至會讓自己身陷許多危機之中。

一個人的「專注力」是非常有限的珍貴資產，尤其在這個資訊充斥的時代裡，很多人用盡各種方法來搶奪你的專注力，不要輕易被引誘消耗、不要多工散漫地浪費珍貴的專注力。我們必須有智慧的謹慎擬定「專注力資產的投資策略」，這也是歷史上所有偉大的投資家都具有共同的人格特質，那就是擁有嚴格執行「紀律的習慣」——一次專心做好一件當下最重要的事。這是一個人想要成功最簡單，也最困難的人格特質。

在這個時代裡，可以隨時保持覺知，隨時專注活著的人是稀有的，這樣的人可以讓一分一毫的專注力發揮最大效益——如同放大鏡聚焦太陽光能燃燒紙張，可以用最小的力量突破最大的困難，可以警覺內心負面情緒的升起而不受控制，可以洞察別人看不到的細微變化，避免犯下愚蠢錯誤並搶得先機，這樣的人心靈是自由的、強大的。

第四章

比財富更重要的事

不要因爲過去永遠否定一個人

有一次，我參與一場在大陸杭州很大的餐廳投資案，當我們即將跟一位謝總合作時，有很多位股東談到這位謝總過去的「歷史」，因而有些顧慮，甚至持反對意見。

他們提到，二十幾年前，謝總在一家貿易公司擔任業務經理，因爲家境貧困，非常努力上進，表現良好，很快的被公司提拔爲業務副總的職位，也開始獲得一定程度的經濟改善。只是後來當公司越來越壯大，謝總希望有機會入股公司，分享更多經營成果時，遭到廖董的拒絕。

沒想到，他竟然私下在外假借人頭設立公司，然後透過自己的權限，向該公司採購相關貨品。

後來，廖董發現了這件事，非常生氣，質疑謝總爲何背叛公司？

謝總年少輕狂，不認爲自己有錯，他認爲在外設立的公司是透過他私人的人脈關係，才能拿到特定貨品，而公司採購那些貨品後，轉手出去也賺了了很多錢，他並沒有侵害公司的利益，反而是替公司賺了很多錢。

但廖董認爲，如果謝總沒有在外設立公司，而是直接把全部利益歸回公司，那公司就能賺到更多的錢。

謝總還是反駁說，那間公司不是只有他一個人的，他只是股東，其他股東也分別貢獻了人脈關係，他無法自行決定把利益全歸回公司。

雙方爭執不下……

最後廖董一氣之下，要求謝總離職，年輕氣盛的謝總也毫不考慮就憤而離開了公司。

沒想到，因爲謝總的人緣很好，重義氣，能力也強，他轄下的業務部隊三十幾個人一聽到他要離開公司，紛紛都自動辭職跟隨，連行政小姐都跟著離開！雖然謝總再三婉拒，但大家還是離職了，跟隨了他，一次帶走了將近四十個人！

這看在廖董的眼裡，就是背叛！永遠不可抹去的叛徒！

謝總離開公司後，得力於原公司數十人經驗豐富的業務、行政團隊，在新創公司不到一年內就賺錢，在短短幾年內，公司就從資本額一千萬的小公司發展到年營業額突破數億元的中大型公司，當初跟隨他的夥伴們，都扎扎實實的賺了不少錢。

二十多年過去了，謝總早已不可同日而語，已是一方之霸。

雖然廖董的公司後來依舊賺錢，但雙方的嫌隙依舊無法抹平。在廖董跟他們公司的股東心裡，依舊狠狠的幫謝總貼上「叛徒」的標籤。

當公司的其他股東對於謝總的人品產生質疑，並以這段「歷史」作爲佐證時，讓我印象深刻的是，我們董事長依舊排除衆議，決定與謝總合作。

經過這幾年的事實證明，我們董事長的決策是正確的，我們彼此的合作產生很大的效益，爲彼此都創造了滿意的收益。

●別讓過去影響了現在的判斷力

要是你，會不會像董事長一樣，相信謝總的人品呢？畢竟，當年的事件，無論謝總基於任何理由，從最嚴格的人品檢驗標準來看，還是有「瑕疵」的。但現在的他卻是一個很成功的企業家。

我相信這是一個很兩難的問題，尤其當投資額非常大的時候。就像社會上很多關鍵的決策一樣，這是個沒有「標準答案」的問題，一切取決於你「對人的判斷能力」。

這讓我想起了漢高祖劉邦曾說過的：「論帶兵打仗，我不如韓信，論運籌帷幄，我不如張良，論後勤補給，我不如蕭何。但我懂得識人、用人、帶人。」

還有，潤泰集團尹衍樑先生也說過：「我一輩子只會兩件事，就是我懂得如何求人，還有我跟任何人都能夠合作。」

他們一生成功的關鍵基礎，都在於對人性的洞察、掌握及判斷能力。

所謂「人窮志短，國窮多亂」。人在沒有錢的時候，往往會因爲急著成功，急著要賺到大錢，這是很普遍的人性，在這個情緒的驅使下，往往有可能會犯錯，留下「污點」。

然而，只要是人都有「過去」，誰不曾犯錯呢？

如果別人緊抓著我們年輕時曾犯過的錯誤，給予我們很大程度的負面評價，彷彿判了我們永不可翻身的無期徒刑，逼我們帶著污點過一輩子，我們做何感受？我們會覺得對現在的我們公平嗎？

當我們缺乏自己對人的判斷力，總是依賴別人耳語的評價，是很危險的，而且將是我們邁向成功很大的阻礙。因爲一個地位越高、權力越大的人，身邊想要影響你、欺騙你得到利益的人就越多，當利益越大，他們的技巧也就越高明。如果我們無法覺察每個人評語背後隱藏的動機，便很容易成爲被俘虜、操弄的魁儡。

在「對人的判斷」這件事情上，我們絕不可能從無數的耳語中，得到我們期盼的「標準答案」，有時候越多人認同的意見，反而包藏著更大的陷阱。**一直想要尋找到「標準答案」，是我們人性的弱點，越是期盼標準答案，就越脆弱。**

一個人過去的錯誤絕不會消失，但我們沒有必要緊緊抓著，人在每一刻都在變化，過去你認爲的壞人，不代表現在一樣的壞，現在你認爲的好人，也不代表未來一樣的好。

這不代表我們要鄉愿地原諒每個人的過去，然後天眞地認爲每個人的現在都已改過自新。重點在於，不要讓一個人的過去成爲我們不可動搖的「偏見」，並讓偏見產生的負面情緒影響了我們的判斷力，造成機會的失去或危機的來臨。

因此，絕不要因爲一個人的過去而輕易否定一個人，**當我們願意給別人機會，其實也就是給自己機會**，關鍵在於，我們必須訓練自己對於人的洞察力、判斷力，不被耳語影響及操弄，更不要陷入偏見的負面情緒中，這是所有成功者最基本的人格特質。

生命是不斷交換的過程

日前，接受國內知名媒體《遠見雜誌》的專訪，談的主題是「退休生活」，當時找上我，讓我很驚訝，畢竟我才三十幾歲……

在這場訪談開始前，我想起了一位建築業蔡董事長的晚年故事。

蔡董是一位富有的建設業老闆，事業跨足建築、銀行、媒體等。當他到了晚年，身價突破數十億元後，他每一天的生活變得非常無聊、枯燥。

他每天清晨會讓司機載他到自己的高爾夫球場，「自己一個人」打完十八洞，回到家「自己一個人」吃早餐，稍作休息後，「自己一個人」去花園散步，然後又是「自己一個人」吃午餐、晚餐……日復一日都是「自己一個人」……他讓自己「封閉」了起來。

我曾花很久的時間研究蔡董，以他的財富，多的是人想要接近他、想要陪他打球、吃飯、聊天，但爲什麼他總是「自己一個人」呢？

後來，我慢慢有些領悟。

蔡董一生馳騁商場，他在無數場的「送往迎來」及「杯觥交錯」中，雖然看似有很多「朋友」，但說到底，這些人幾乎都是「爲利而聚」，並不一定是眞心欣賞彼此，就像蔡董自己年輕時也必須要爲了錢去阿諛奉承有錢的老闆一樣。

當蔡董的財富已經達到某種「境界」，他不再需要爲了錢去「應酬」任何人時，對於那種虛假的送往迎來及杯觥交錯逐漸感到厭惡。此外，當他擁有的財富像蜜糖一樣吸引無數蜜蜂，或者像大便一樣吸引無數蒼蠅圍繞身旁時，也讓他產生一種自己既是蜜糖也是大便的複雜、矛盾情緒，畢竟阿諛奉承的話聽久了，自己也會覺得噁心……

慢慢的，蔡董不想要見到這些人，他眞的想見只有自己的親人，包含子女們、孫子女們。

有錢可以讓很多人想要出現在你身邊，但出現在你身邊的卻往往不是你

眞心希望見到的人。

蔡董的子女們都已經接班了，每個子女各自花了無數的心力去「爭奪分配」到某個家族事業版圖，目前都在各地居住及管理事業，在過去長年的爭奪家業過程中，刀刀見血見骨，兄弟姊妹的感情早已消耗殆盡。

而蔡董年輕時，在事業上投入了百分之兩百的精力，幾乎從未陪伴、參與過孩子們的成長，因此父子女互動的感覺很生疏、很制式，滿像老闆跟下屬的模式——只差沒有寫簽呈溝通而已，而子女們基於對家族事業及財富的「企圖心」，對蔡董是萬般「殷勤孝順」，連孫子們都被他們的父母「訓練」到「很恭敬」「很有禮貌」，但久經商場歷練的蔡董一切都看在眼裡，感到心灰意冷，因爲他們的表現跟那些蜜蜂、蒼蠅有何差異，他甚至希望子女們、孫子們可以耍耍任性、發發脾氣、頂頂嘴，至少比較有「家」的氣氛……記者的提問，讓我的思緒回到了這場訪談。

●若生命中只有自己，什麼都是白搭

我定義的「退休生活」有兩個重點：

第一，財富自由，是進入退休生活的首要條件。如果一個人還需要爲錢煩惱，需要爲錢去工作生活，基本上是沒有資格談論退休生活的。

但我不喜歡把退休生活定義在六十五歲以後的人生，我們不應該把人生的幸福限制在未來某個時間點。我們應該重新定義「退休生活」，只要我們有本事達到「財富自由」，不再需要爲錢去工作及煩惱，無論幾歲，都可以進入退休生活。

第二，很多人談到退休生活，通常只想到如何達到財富自由階段，可以不再爲錢工作，可以做自己想做的事情，可以品嚐美食美酒、到世界各國旅遊、有錢可以買自己想要的東西……但我們是否想過，如果我們眞的可以每天吃到大餐，卻永遠只有「自己一個人」吃？如果我們眞的可以隨時到世界各地旅遊，卻永遠只有「自己一個人」出發？如果我們眞的可以買到各種名牌包包、名車，卻永遠只有「自己一個人」欣賞？

縱使我們進入財富自由階段，如果我們想要感受到幸福快樂，一定要有

「其他人」存在。

東西是越多人一起吃越好吃，旅遊只有跟家人及好朋友一起去才好玩，購物也一定要有人跟我們一起分享欣賞才快樂。

然而，我卻很少聽到人們談到退休生活時，加入「人」的元素，包含「家人」及「老友」。

人，是不可能獨自活在世界上，我們與他人之間是緊密連結、無從切割的，因此進入退休生活時，除了財富自由外，我們必須擁有強大穩固的「生命支持系統」，包含家人間的親情、老友間的友情，甚至包含在社會中受到敬重的聲望等。

因此，我定義的「退休生活」必須要滿足兩個條件：

第一，財富自由。第二，建立眞摯溫暖的生命支持系統。而第二個條件的重要性遠遠大於第一個條件。

我們現在滿腦子會想要享受美食、環遊世界、買名牌包包，那是因爲我們尚未達到財富自由，因爲「沒有」所以才會「想要」，當你都「有過」後，其實就沒那麼「想要」了。

而且，當我們年紀大了、老了，還能天天吃大餐、環遊世界、衝浪、浮潛嗎——身體承受得了嗎？

錢是死的，人是活的。金錢是「外在有形物」，很容易計算得失，得到與失去很明顯，但人的情感是「內在無形物」，很難在短時間內獲得，卻很容易在不經意的「忽視」過程中失去，而且難以追回。

無論是親情或友情，都必須是花費數十年的「投入」才能一點一滴建立的。

例如，如果我們想要享有天倫之樂，老了想要含飴弄孫，但我們現在卻不願意生孩子……不願意犧牲自由及心血去養育子女，有可能嗎？這不是搞笑嗎？

幸福不會從天上掉下來，也不是時間到了就會蹦出來，更重要的是，生命的支持系統是無法用金錢「購買」的，甚至有時候太多的金錢反而是「障礙」。

●走進他人的生命，有承擔才有支持

生命是不斷交換的過程，我們每一天都在打造「專屬我們自己的生命系統」，我們現在投入什麼，未來就會得到什麼。重點是，現在的我們用青春、活力、自由去換取的是什麼？

當我們年輕力壯時，不願意承擔孝養父母的責任，不願意為養育子女奉獻自己，不願意為朋友們伸出援手，卻只關注年輕帶給我們的「自由」，這其實是種「無意識的生命揮霍」，當我們集中精神在追逐金錢的過程中，更會把這種「無意識的生命揮霍」發揮到極致。

想一想，我們多久沒有陪伴年邁的父母到市場買買菜、在家陪他們好好吃頓飯、關心許久未見的老朋友的近況。

當我們極度關注「金錢」，當我們整個臉上寫著「錢」這個字，我們整個人會散發「錢」的味道，弔詭的是，越是這樣就越賺不到錢——不信的話，問問自己，遇到這樣的人，你會怎麼想？會喜歡他嗎？有賺錢的好康會分享給他嗎？

當我們願意關注別人並建立超越外在有形物的「情感連結」時，我們整個人散發的是「利他」「溫暖」「關懷」的正面人格特質，奇妙的是，越是如此越賺得到錢，越能急速地達到財富自由的境界，這就是所謂**「人脈就是錢脈」的智慧**。

因此，說到底，想要達到退休生活的第二人生，沒有兩個條件，只有一個條件就是：「建立眞摯溫暖的生命支持系統。」

有錢沒錢都能生活，日子總能過下去，省一點就好，只是不管怎麼活，我們絕無法獨自一個人好好活。衡量自己的一生，不是我們賺了多少錢，而是到頭來，有多少人眞心「愛你」，而「你眞心愛過多少人」？人必須「付出愛」及「感受到愛」，才能擁有面對生命難關的勇氣，才能感受到「活著」的意義。沒有愛，再多錢，都會死很快，因爲老並不可怕，生病也不可怕，「孤獨」才是人生最可怕的痛苦。

不要只是盲目追逐，而把我們的幸福設定在五年或十年後的「未來」，生命充滿「不確定性」，因爲眞的到了我們所設定的「未來」時，一切人事物可能早已非我們原先認知的狀態了——那些你在乎的人、在乎你的人在哪裡呢？是否早已滄海桑田、人事全非，這是生命持續轉變的本貌。

幸福，不在過去，不在未來，就是現在，就在我們的眼前。

一個懂得將自己的青春、活力、自由、金錢「投資」到親情及友情的人，陪伴親人與朋友們度過一個又一個生命的重要事件——無論開心的或悲傷的，是有智慧的，因爲他已經能夠超越外在有形物的限制，能夠「走出自私的自己，進入無數人的生命之中」。

「家人，就是沒有人會被拋棄或遺忘。」這是史迪奇卡通的經典對話，也充分表達了「生命支持系統」的精髓。一個願意承擔親情責任的人，一個願意忍受友情帶來不自由的人，一個願意奉獻自己的人，是絕不會被拋棄或遺忘的。

決定一生的是，選擇的能力

弈萱是我的學生，一個很聰明、很優秀、能力很強的孩子。多年前，他從國立大學法律系畢業後，應屆就考上書記官，這是一個錄取率三%左右的公務員四等特考，很不容易。

剛考上時，她很開心，對於這個工作充滿期待，但經過一年半後，她想要離職了。

她告訴我說，不想要一輩子都待在枯燥、呆板的法院裡工作，想要到外面的世界闖一闖。

她離職了，離開了很多人夢寐以求的穩定工作。

沒多久，能力強、考運又好的她，順利考上某電信業龍頭公司的正式員工，進入法務部門，這又是一個錄取率不到一%的艱難考試，她還是一次就考上。

剛考上時，她非常開心，終於可以擺脫法院枯燥乏味的工作，進入充滿冒險、競爭的商業職場。但不到兩年，她又萌起了想要離職的念頭。她告訴我，不想要承受這麼大的壓力，幾乎每天都要加班到很晚，失去了休息及與家人相處的時間，她又想念起法院的穩定生活。

她又離職了……離開了年薪百萬，年終十幾個月的工作。

沒多久，她竟然只花了不到三個月的時間，又再一次考取了書記官特考。

剛回到法院工作時，她告訴我，這次一定跟上次不同，一定不會重蹈覆轍……

結果堅持不到一年的時間，她又厭煩了這個每天打字、整理卷宗、被法官呼來喚去的日子了

她再一次離職了。

爲了跟父母交代，她「輕鬆的」考上了三等政風高考……眞希望她可以脫離這無止盡的「選擇循環」。

從小到大，我們所受的教育，幾乎都集中在培養我們的知識及專業，在僵化的教育體制下，幾乎沒有探索自我天賦及熱情所在，**每一場人生重要戰役都是考試決定，勝利結果的排序也都早已被安排好**。例如國中會考第一名，就選北一女、建中；高中學測第一名，就選台大醫學系、台大法律系、台大電機系……出國念書就選哈佛、耶魯、北大、劍橋等等。

在僵化、單線的體制下，彷彿「下一個階段」都早已明確等待著我們，只要我們努力讀書、考試就可以了。

一旦進入全然開放、競爭的社會，也就不再有「標準答案」，也就沒有「絕對正確的下一個階段」，很多人就會頓時失去了人生方向。

我看過無數的學生，因爲優秀、能力很強，所以能夠爲自己爭取到很多的人生「選項」，然而，這些「選項」並沒有帶給他們預期的快樂，而是充滿猶豫徘徊的負面情緒……因爲，從小到大，他們從未被訓練過「選擇的能力」，也就是最珍貴的「決斷力」。

縱使你台大畢業，頂著國外一流大學的學歷，谷歌、臉書、微軟、台積電、亞馬遜等等這些大公司都提供你工作機會，最終，你還是只能從中挑選一個，其他公司無論你再捨不得，都必須放棄。

縱使你得到基因樂透，擁有河智苑的臉蛋、辛蒂克勞馥的身材、朴信惠的天真無邪，即使金城武、金秀賢、李敏鎬、胡歌這些超級帥哥都愛上妳，你還是只能從這些顏値超高的男人中，挑一位當你的伴侶，其他的無論你再不願意，你都必須放棄。

無論我們擁有再強大的知識、專業、能力，都只能夠爲我們自己爭取更多的「人生選項」而已，終究，我們還是得「做出選擇」，殘酷的是，往往我們只能選擇其中一個，這意味著我們必須放棄好不容易才爭取得來的其他所有選項。

●信念指引的選擇力

這世界上的事情，「兩難」是一種常態，小到每天早上望著早餐店的目錄，卻不知道要吃什麼，大到決定一生事業的方向或牽手一生的伴侶，總是沒有絕對正確的答案，總是讓我們陷入兩難的痛苦之中。

從小很多的大人，包含父母、師長們，甚至整個社會體系價值觀及氛圍，總是早已替我們做好選擇，並總是直接或間接否認我們內心的選擇，久了，我們早已痲痹，只能隨波逐流，頂多只知道埋頭努力，卻早已不會選擇，甚至將我們命運的主控權交到別人的手上。

我們每個人都想要有「完美的人生」，所以我們總是覺得目前擁有的一切「不夠完美」，總覺得別人的或者下一個會「更完美」，我們總是過度放大「未擁有的事物的優點」，然後反射放大「擁有的事物的缺點」，這讓我們總是陷入兩難的痛苦之中。

其實你不必著急去抓緊那麼多選項，你眞正應該著急的是搞清楚「自己想要的到底是什麼？」，甚至「你這輩子到底希望成爲一個什麼樣的人？」

如果這件事情搞不清楚，你就會像沒有「指南針」也沒有「Google Map」一樣，只是不斷在人生的街道與巷弄之間東奔西竄，瞎忙呼而已——人生沒有方向，縱使擁有再多選項，依然會感覺到空虛與不滿足，因爲那些緊抓在手的，終究不是我們真正想要的。

「你這輩子到底希望成為一個什麼樣的人」，其實講的就「信念」兩個字。

信念，是我們「整個生命歷程的藍圖及燈塔」，這個問題沒有標準答案，只有我們自己的「心」可以回答我們。

想要找到信念，不是三天兩天的事情，你必須不斷接觸、探尋，甚至是碰撞、跌倒，在冒險與血汗之中感受到，在結痂的傷疤之中領悟到，如果你還沒找到，不要急，在這場人生馬拉松裡，持續不間斷找下去，當你找到的時候，你的「心」一定會讓你知道的——一種強烈感受到「就是它了」的感覺。

當我們擁有信念，就能從最長遠的生命方向來看現在的處境，就能讓「信念的光」照耀一切，讓所有黑暗的干擾消失，做出符合生命信念的選擇，只要我們心中有穩固強化的信念，就不再會感受到選擇的困難及放棄的失落，我們的選擇與放棄都是極度清醒、明明白白的，因為我們非常清楚知道，每個當下的我們都是踏在命中註定的道路上。

選擇，不是意味著要得到什麼，而是要放棄什麼。

我們總是用盡力氣緊緊抓牢每個選項，卻始終沒有勇氣做出決斷，最後握在手裡的眾多選項只是徒增困擾，兩難的猶豫及煎熬將會耗費我們極大的能量。

只有找到並堅持「信念」，才能大膽放棄一切，專注那個我們所做的選擇上，才能真正成就我們引以為傲而且問心無愧的一生。

真正決定我們一輩子命運的，往往不只是努力，更重要的是透過「信念指引的選擇的能力」。

胸懷，是被無數委屈撐大的

勝偉是我一位很年輕優秀的小老弟，畢業於清大的高材生，因爲家境並不好，所以他很勤奮努力，雖然一出社會就找到在國內知名物流業的工作，但他仍舊利用下班跟假日時間去兼差，希望可以賺到更多的錢，當然這是違反公司的規定，所以勝偉很低調的做。

在一次偶然的場合中，勝偉認識一位從事酒類買賣的高董，兩個人很談得來，高董也欣賞這積極上進的年輕人，於是，高董希望藉由勝偉的網路行銷專長，來幫他們公司增加曝光度、刺激業務量。原本高董提議每個月給勝偉一萬元的薪水，而勝偉只要下班有空幫他處理就好，但勝偉認爲，先不用談到錢，先做出成果再說，這點讓高董很欣賞。

在他們雙方開會的過程中，高董曾隨口提議，只要是透過勝偉的行銷、推薦來的客戶，他願意提撥一〇%的佣金給勝偉，當然這只是雙方的一種口頭默契，並沒有正式的合作契約。

經過大約半年後，勝偉雖然運用關鍵字、部落格、社群網站等各種行銷工具，但酒類買賣市場是個極度紅海競爭的市場，所以效果並沒有很顯著，高董他們公司的臉書粉絲人數大約只增加五百人左右。

有一天，勝偉主動跟高董提到，他在臉書粉絲經營過程中，知道有兩位粉絲有來到店裡買過酒，加上他自己也曾經推薦過三位朋友來高董的店裡買酒，勝偉希望高董能夠兌現當初的口頭承諾，把這五位經由他「推介」的客戶所消費金額的一〇%佣金算給他。

這個要求讓高董聽到的瞬間，有點一頭霧水……一時間還眞想不到是哪五位客戶。

以高董公司每天有數百名客戶，臉書粉絲也早已破數十萬人，勝偉的「貢獻」幾乎微乎其微，甚至可以忽略不計，所以高董以爲勝偉是在開玩笑，所以三言兩語就帶了過去，並沒有眞的去算這筆佣金，當然也有可能是高董不想要付這筆錢……

沒想到，過幾天後，很「較眞」（就是很計較又很認眞的意思）的勝偉，拿出了臉書留言及 Line 對話的截圖，證明確實有這五位客戶的存在。勝偉要求高董拿出這五位客戶的消費資料，用來計算出他可以領取到的佣金。

這讓高董嚇一跳，也讓他內心的感受不是很好，畢竟當初只是隨口承諾（很多老闆都有這樣的習慣……），今天這年輕人如此較眞來要這筆錢。

記得當初勝偉堅持要去要這筆錢時，我提醒過他：「這條路行不通。」但他認爲，自己每個月要負擔很高的生活費用，房租、家用、日常開支等，每個月的薪水都所剩無幾，他很需要更多的收入……「更何況，如果沒有我，他們公司臉書粉絲可以增加五百多人嗎？沒有我，他們會有這五位客戶嗎？」

「我一定要要到這筆佣金」勝偉帶著怒氣、語氣堅定地說。

人們總是會過度放大自己的「貢獻」，然而，當我們越「關注自己的貢獻」，就會忽略其他事物，產生很多思維的「盲點」。

幾天後，勝偉來到了高董的辦公室，並提出了他的要求。

只要對貿易業的業態稍微了解的人就知道，不可能每一筆交易都有正式的發票，雖然必然有內帳詳細記載各項財務數字，但幾乎不可能具體記載「哪一位客戶的消費額」，所以勝偉的要求讓高董有點爲難。

沒想到，較眞的勝偉對高董說：「如果不能證明，那就以過去半年來我在這個合作案上花費的時間來計算報酬。」

讓高董傻眼的是，勝偉眞的有準備，他提出了過去半年來爲這個合作案的工作時數報表，並以最低薪資計算，算出了一筆兩萬六千元左右的薪水報酬。

這個動作，讓高董內心感受更差了，情緒也上來了，認爲勝偉的這個要求不合理，也沒有根據，雙方開始產生爭執，最後翻臉，不歡而散。

事後，勝偉氣沖沖地來找我抱怨，認爲高董是個騙子，欺騙了他，抹煞了他的貢獻……他認爲透過這個事情，他看清了高董這個人。

當我們以爲用翻臉認清了一個人，其實，對方也認清了我們。

過幾個月後，有一天勝偉物流公司的老闆徐董，找勝偉一起去拜訪公司一位大客戶，當他們來到這位大客戶公司樓下時，勝偉內心有股不祥的預感，因爲這個地點他非常熟悉，沒有錯，這裡就是高董的公司，而且不會有搞錯樓層的問題，因爲，整棟商業大樓都是高董的……

更倒楣的是，當勝偉硬著頭皮進去後，聽老闆跟高董的閒談，才知道原來他們兩個是二十多年的保時捷車隊的車友……

●別為了眼前的小利把人生路窄化了

如果可以預見未來，如果我們是勝偉，還會硬去要這筆錢嗎？

我們總以爲跟一個人翻臉後，希望這個人從我們的世界裡消失，眼不見爲淨，最多少一個朋友而已，沒什麼大不了的。然而，生命的運轉不是這麼表淺，尤其人與人之間始終有著極微妙的連結力量。我們或許也曾有過跟一個人翻臉後，又在別的地方跟這個人產生某種人際網絡的連結，就算我們內心再不願意，但我們卻都遇過這樣的倒楣事，有時候，甚至越是不想見，卻越是會遇見。

其實，勝偉的心裡很清楚，這筆錢早就要不回來了，縱使翻臉硬要，也還是要不到的。那爲什麼他還是做了翻臉這個選擇呢？理由很簡單，就是「氣不過」及「不甘心」的負面情緒，這種心態常常就是「壞事」的致命關鍵。

一個人的目光短淺，往往表現在只看到眼前，被一時的情緒蒙蔽，明知道不會有任何幫助或改變，卻仍像孩子般的意氣用事，這跟拿自己的頭去撞牆沒什麼兩樣。

凡事能夠看得很遠、做事圓融的智者，並不是特別聰明，只是數十年的歷練，讓他們體悟人與人之間的微妙連結，讓他們明白動不動就「翻臉」的副作用及結局，所以願意在情緒籠罩的當下，克制自己，留有餘地，所以他們人生的路可以走得久、走得穩。

或許我們會覺得不公平，會覺得委屈，但一個做大事的人最需要的人格特質就是寬大、開放的胸懷，而**一個人的「胸懷」往往都是被無數個「委屈」撐大的**。

磨鍊自己的胸懷，洞察未來各種可能性，成爲一個眼光深遠、思慮周全的智者，謹愼地做任何一件事、講出任何一句話，無論任何情境下，絕不可意氣用事，尤其當憤怒只會埋下未來不可預測的致命危機，卻無法改變任何事情的時候。

擁有的一切都是幸運，也是責任

阿佑，一個人從屏東內埔鄉下來到台北打拚，從十六歲讀高工夜校開始，就在燒烤店打工，從外場做到內場，一直非常努力，受到老闆賞識，後來當兵退伍後，繼續在燒烤店做了三年左右，累積了將近十年的經驗，就決定自己出來創業了。

阿佑憑藉著多年來經驗，從挑選食材、醬料調製到燒烤技術，都一手包辦，因爲食材新鮮、用料實在，很快的，他所創立的燒烤店打響了名號，阿佑也賺到了人生第一個一百萬。

我記得，當阿佑賺到一百萬時，請我們到他店裡慶祝，等關店後，他親手烤了幾樣私房菜，一夥人喝著清酒、吃著燒烤，聊得非常愉快，那時我深深替阿佑感到欣慰，因爲他的奮鬥與努力得到了回報。

沒多久後，阿佑決定開第二家及第三家分店，剛開始三家店也都做得還不錯，但逐漸遇到管理上的問題，包含制度、人事、成本控制等，當他的店闖出名氣後，培養的燒烤手開始被對手挖角，加上阿佑並沒有足夠的管理經驗，很快的，三家店竟然都開始虧損，公司開始出現財務缺口，金額高達四百萬！

阿佑找上了我的大哥王董，希望能夠借到周轉金。我記得當時阿佑的表情很擔心、很落寞，但對於自己的技術非常有自信，加上王董很欣賞他的努力跟拚勁，決定一口氣借給他四百萬，除了把財務缺口補上後，另外再引薦幾位擁有豐富經驗的內勤管理人才給他。

有了王董的大力支持後，阿佑的燒烤店起了化學變化，除了將品質穩定提升外，也陸陸續續建立公司應有的內部制度。

經過不到五年左右的時間，阿佑的燒烤店已經在全台灣北中南開了將近二十五家分店，算是全台灣數一數二大的燒烤連鎖店，阿佑極速累積個人財富，粗估逼近億元身價！

當阿佑開始賺到大錢後，他開始出入有名車及司機，參加各種社團爭取曝光，儼然表現出一位成功企業家的形象。

有一次，我在一個應酬場合裡碰到阿佑。當我叫他「阿佑」時，他的表情有點愣住，雖然沒有表現出來，但我感覺到他已經不習慣被叫「阿佑」，而是習慣被叫「黃董」，所以當下開始，我就只稱呼他「黃董」。

我記得當天晚上，整桌的人都一直聽著「黃董」敘述著自己創業過程的艱辛、努力、決斷、智慧等，他努力吸引所有人的目光，把自己講的非常「傳奇」，彷彿這一切成就都是「他應得的」。而整晚聽下來，我發現，他什麼都講到了，就是漏講了一個人，就是「王董」……

自從那一次應酬場合的相遇後，我就很少跟「黃董」聯繫了……

經過幾年後，我無意間發現，「黃董」的燒烤店一家家關了，我輾轉打聽得知，原來他經營的「吃到飽燒烤」的模式，退了流行，不敵很多新興精緻的燒烤品牌，加上營業成本龐大，撐不住了，就直接倒了一整片。

然而，這次最大的不同是，不再有「貴人」爲他伸出援手，經過十年的折騰，阿佑從窮小子變成「黃董」，再從「黃董」打回原形，變回窮小子阿佑，只是加上了幾千萬的負債。

●自我為中心的人必失去人緣

一個人要獲得成功不難，但要贏得長久穩固的成功，卻非常困難。當我們認爲擁有的一切都是「理所當然」應該得到的，我們的成功必不持久，我們擁有的一切很快的就會離我們而去。

當我們獲得了一次又一次勝利及榮耀，彷彿在我們身上貼上一個又一個「標籤」，讓自己看起來好像「高人一等」。當無數「標籤」貼在我們身上後，社會將給予我們許多的報酬，例如名利、崇拜、禮遇等，就像小時候贏得比賽後的獎狀及獎品，慢慢地，我們會認爲「自己很了不起」，認爲在任何場合裡，自己都「應該」成爲衆所矚目的焦點，「應該」像明星般受到歡迎，鎂光燈「應該」只照射在自己的身上，無數人都「應該」像粉絲一樣簇擁著我們。

當我們認爲這一切都是「應該的」，我們不合理的期望會逐漸膨脹，「我們期待的」永遠高於「別人所做到的」，我們正一步步掉進「自我中心的情緒陷阱」裡，我們將只注意到「自己」的存在、重視到「自己」的感受，別人只是滿足我們「自我感覺良好」的工具而已。

當我們越是期盼別人注視到自己，就越容易忽略別人的存在，當我們越重視自己的感受，就越容易輕視別人的感受。

我們會喜歡一個只重視自己卻輕視別人感受的人嗎？這樣的人會在有形無形之中，一點一滴破壞周遭的人際關係，也因爲自我中心的負面力量，讓他極速耗盡過往辛苦累積的「好運」。沒了人緣、沒了好運，他的成功自然無法持久，失敗將會遠比他自己想像的更快到來。

跟我從小一起長大的玩伴，有不少人因爲犯罪進入監獄，也有不少人始終沒有擺脫貧窮的漩渦。曾經，我以爲是因爲自己非常努力，所以可以脫離貧困，沒有走上歧途。但，隨著人生閱歷的深化，當我看過無數人的生命苦難及挑戰後，我深深體悟到，原來我沒有自己想像的那麼厲害，在這世界上，比我聰明、文筆比我好、口才比我好、跟我一樣努力的人多的是，我只是比較「幸運」而已。

當我們靜下心，仔細檢視並回想爲何自己可以走到今天這個階段，我們會發現，自己必然在過去的某個時間、某個地點、遇到某件事、認識某個人、做了某些決定，在一個又一個難以言喻的「巧合」中，過了一個又一個的難關，才能擁有目前的一切。我們越是仔細回想，內心越是感到害怕，因爲只要過去的這些複雜的「緣分」，抽掉任何一個，我們將不再是今天的我們，而過去這些「巧合」我們幾乎都控制不了。所以我們一點驕傲的本錢都沒有，在浩大的命運之輪下，我們的努力顯得渺小。

一個人的財富、成就及榮耀，絕不是靠自己能夠完成的，需要仰賴無數人的幫助、老天的憐憫，綜合無數緣分後，具體表現爲「幸運」這個東西。

這麼多年來，我最大的發現，就是發現「自己」沒有想像的那麼偉大，我慢慢了解自己擁有的天賦、機會、財富、資源，都不是理所當然，老天將這一切交付到我身上，必然有祂的安排及意義，當我擁有越多「幸運」，「責任」就越大。

不要幼稚的揮霍自己的幸運，不要粗魯無禮的展示自己擁有的一切，更不要動不動就「刷存在感」。只要體認到我們擁有的一切都是「命中註定的責任」，我們的命運會在「轉念」的瞬間產生質變，我們不再恐懼失去，願意與人分享成就，願意對別人伸出援手，開放的胸懷讓我們產生發自內心的自信，我們不再需要證明自己高人一等，我們能將「虛幻的財富、名氣、地位」轉換為「眞正實在的幸運」，我們會擁有長久穩固的成功，讓人生趨近於「圓滿」，這是一種超越成功的人生境界。

你比想像的脆弱，也比想像的更強大

「人文空間咖啡館」是我平常很喜歡造訪的地方，裡面擺滿了書，氣氛很好，尤其是我一個人的時候，很喜歡在這個充滿人文氣息的環境中，充當一下「文人雅士」，喝著香醇的手沖咖啡。

當我一個人讀書讀累了，偶爾會「不小心」聽一下隔壁桌的人在聊些什麼內容。

有一次，聽到一位打扮時尚的中年男子，正跟著對面一位氣質高雅的輕熟美女高談闊論中。

他提到，自己最近大量閱讀關於心靈成長的書籍，參加許多禪修活動，讓自己的心逐漸獲得「平靜」，遇到事情都能以平靜的心去面對，對人也有著更大程度的包容，不容易爲小事情動怒了。

對面的女孩眼神中充滿著崇拜……

兩人之間盈滿著「曖昧」的美感氛圍……

過沒多久，咖啡廳的女服務生幫兩人送來水杯。結果，這名中年男子講得太忘我，右手動作太大，一揮就撞倒了托盤上的水杯，水灑了他一身。

瞬間，這名中年男子變身成為綠巨人浩克，狂飆那位女服務生，責怪她為何這麼不小心，動怒的表情實在令人印象非常深刻。

咦!?剛剛說的「心靈平靜」呢？那不就只是「白開水」嗎？

人在平時無事的時候，要保持心靈平靜一點都不難，誰都做得到，然而，當逆境來臨時，才是眞正的考驗，我們會發現，原來自己所謂的「心靈平靜」竟然如此脆弱。

當逆境來襲時，伴隨而來的恐懼及焦慮的情緒非常強烈，一顆沒有經過「鍛鍊」的心在這時候會顯得非常脆弱，沒有想像的有力量，然而，人一生的成就大小往往就取決於，在類似高壓的逆境中，能保持多大程度的心靈平靜。

「生命中的逆境終究會發生的」，這不是一種悲觀的態度，而是務實地面對生命的眞相。

逆境，是「生命無窮可能性」所展現的其中一個面向。我們遭遇到困苦、災難、不平、分離、病痛，甚至死亡，都是命中註定，不會因爲你做對什麼事情，就絕對可以逃開，也不單純因爲你做錯什麼事情，才受到懲罰，逆境是我們廣大生命歷程中必然存在的「一小部分」。

這些無可逃避的、艱難的、悲傷的、與我們爲敵的逆境，會眞正決定我們是一個什麼樣的人。

最終定義我們一生的，不只是我們順境中的成就，還包含我們「在逆境中的姿態」。

●儲存面對逆境的資本

一個人在逆境中的「正面特質」，包含面對的勇氣、堅持的韌性、在看不見希望的道路上專注前行的信念等，是絕無可能單純靠閱讀想像、聽激勵演講而獲得，只有「逆境」可以鍛鍊「逆境中的正面特質」。

從這個新的觀點去看待逆境中的人、事、物，我們會對逆境中的一切有著全新轉化的觀點，甚至會帶有詭異的感謝情緒。

我們都是平凡人，當我們遇到困難，第一個直覺反應往往是「逃避」，不要責怪自己，「逃避情緒」是我們的「直覺人性」，而我們要做的，就是要「超越」它，進而戰勝它。

當逆境來襲時，「接受」逆境存在的事實，是最困難也最重要的第一步。只要「接受」，不再做無效的抗拒，我們就能某程度「緩解」逆境帶來的痛苦，並且騰出一些喘息的空間，慢慢地體悟「人有無限接受苦難的潛能」，就像過去的我們歷經了那麼多挑戰及苦難，今天，我們也已走了過來。

這世上沒有人天生就能夠面對艱困的逆境，也沒有人想要逆境來臨，但「遇到了，就是遇到了」，毫無逃避的可能性，任何擁有「強大生命韌性」的人，都是「命運給磨鍊出來的」。就像沒有人天生可以跑馬拉松，也沒有人天生可以投出一百五十公里的快速球，任何事情，都是磨鍊出來的。

我常比喻，「逆境就像上健身房做重量訓練一樣」。

只要做過重量訓練的人都知道，在訓練的過程中，很痛苦，訓練後，很痠痛，但爲什麼我們「願意去受苦」？因爲我們知道這整個過程「不會白白受苦」，我們會享受到重量訓練帶來我們的好處，所以我們「願意吃苦」。

我們面對逆境的「正面人格特質」就像「肌肉」一樣，透過逆境，我們可以「鍛鍊」它，建立「強大的核心肌群」來保護我們，儲備面對下一個逆境的資本。

記得小時候參加田徑隊的時候，因爲正式比賽縱使下大雨也會照常進行，所以當操場下起大雨，其他同學都進教室躲雨時，教練會要求我們全部穿上釘鞋，趁著難得下大雨的契機，進行嚴格的模擬訓練。

我永遠記得，在滂沱大雨中訓練時，全身的衣服都會濕透，包含鞋子、襪子都浸滿了水，跑起步來，步伐極爲沉重，傳接棒時，接力棒特別容易滑落，跟平常好天氣時完全不同，甚至連排汗及呼吸的調配也完全不一樣。這樣的歷練，讓我產生強烈的「記憶點」，爲後來許多重要比賽立下堅實的生理及心理建設。

當我們吃著苦，撐過一次次的逆境，我們會逐漸變得很不一樣，因爲**每一次的逆境都會產生珍貴的「記憶點」，當下一個逆境來臨時，「記憶點」會讓我們產生勇氣，我們會知道「自己撐得過去」**。

曾經歷過的痛苦越深刻，曾經付出的犧牲越大，就會產生越強烈的「記憶點」，就會產生越強大的勇氣與韌性——因爲你曾戰勝類似的逆境，所以會有面對的勇氣，因爲你曾付出太多的犧牲，所以會有不願放棄的韌性，這是逆境帶給我們最積極的正向意義。

然而，要知道的是，一個經歷過無數逆境的人，並非在遭遇下一個逆境時，絲毫不會感到恐懼及焦慮。「恐懼及焦慮的情緒」是所有逆境必然產生的「附隨產品」。

那些身經百戰的生命戰士，並不是不會感受到恐懼，但因爲過往的歷練及記憶點，讓他們「不會慌張」，其實，面對逆境，我們最最需要的就是這一份「不慌張的情緒」，也就是最珍貴的「平靜心靈」——不慌張的平靜心靈，來自他們已經看穿了負面情緒的真實面貌。

●不受恐懼與焦慮支配

多年前，一次的身體檢查顯示我身體某個部位疑似有「嚴重的問題」，需要進一步檢查。記得複檢後，等待報告出來的那一個星期，我每天都被迫沉浸在恐懼及焦慮的情緒之中，它們編造了一個又一個無止盡的「故事」，讓我彷彿感受到某個部位真的已經生病了，整個人「好像」都不對勁，那個部位「好像」隱隱作痛，甚至感覺到「好像」不只一個地方有問題，「好像」到處都有問題，每個夜晚都被內心無數的「負面噪音」干擾到無法入睡……整個人被恐懼及焦慮情緒徹底淹沒……什麼事都做不了……好像每時每刻都只是在等待下個星期的「宣判」……

一個星期後，正式的檢查報告出爐，「一切正常」！

瞬間，所有一切恐懼及焦慮情緒蒸發無蹤，全身上下都不痛了，都「好了」！

這次經歷，讓我看穿了「恐懼及焦慮的眞實面貌」。

當我們面臨生命中難以承受的逆境時，會彷彿看不見任何希望，會有種難以言喻的孤獨感，好像走在街道上的人們都比我們幸福快樂，我們是「唯一受苦的人」，嚴重時，連呼吸都感受到空氣稀薄、胸口鬱悶，這些都是恐懼及焦慮情緒帶給我們的負面感受。

當我們越是排斥、越是抗拒，恐懼及焦慮不但不會消失，反而越「攪和」越被無限度的放大，我們會因爲恐懼而更加恐懼，焦慮而更加焦慮，悲傷而更加悲傷，「心理作用」會編造一連串的「故事」給我們聽，最後這一切恐懼、焦慮、故事竊佔我們全部的心靈，縈繞不去，淹沒了我們。

我們總誤以爲恐懼及焦慮情緒會永遠籠罩糾纏著我們，然而，其實這一切只是「幻覺」。

●你所擔心的事有九〇%都不會發生

在這世界上，任何事物都是有「時效性」，都是「一時的」，很多事情雖然美好，但不會持久，很多時候雖然痛苦，但終究會過去。

恐懼及焦慮情緒的本質，只是種「幻覺」，既不眞實也不會永久存在，它們唯一的本事，就是編造一個又一個「故事」，讓我們掉入它們設定好的「陷阱」——不斷攪和，好讓它們獲得繼續生存繁殖下去的養分。因爲心理會影響生理，所以這些「故事」對我們的身體健康有著強大的殺傷力，很多人都是被這些「幻覺」給嚇傷了、嚇死了。

其實，我們生命中所擔心的事情超過九〇%根本就不會發生，恐懼及焦慮情緒編造的故事絕大多數只是「謊言」——也可以說是「忽悠」或「唬爛」，到頭來只是我們「自己嚇自己」。

當我開始看穿「恐懼及焦慮的眞實面貌」後，慢慢地，我把它們視爲一種「噪音」，不聽信它們告訴我的「故事」，不受到它們的「支配」。

我並沒有排斥或抗拒它們，因爲「排斥及抗拒」正是它們設好的「陷阱」，我只是淡定的「允許它們存在」，就像我們在麥當勞吃飯、在綠蓋茶喝飲料時，環境吵雜的聲音一樣，很自然的「存在」。

此外，我知道這些強烈的負面情緒，都是由我們自己的「心」產生的。我們的「心」能夠展現如此強烈的負面能量，也就代表我們的「心」可以展現同等的正面能量，所有的情緒都是我們「自心無限力量」的展現。

逆境，只是「生命無窮可能性」的其中一個面向，是一時的、不持久的，包含恐懼及焦慮的負面情緒也一樣。而且，恐懼及焦慮的負面能量再強烈，也只是我們「自心無限力量」展現的其中一個面向，它們的存在只是提醒我們擁有同等甚至更爲強大的正面能量。

只要每天看見清晨太陽升起的瞬間，我就能看到希望，因爲我知道，世界一直沒有停止轉動，再大的暴風雨都是一時的、不持久的，總會過去的，太陽一直都在，只是暫時被烏雲擋住了，我知道，只要我撐著，一直撐著，不受到負面情緒幻覺的支配，相信自心無限的強大力量，一定能夠親眼見證烏雲散去、光明重現的那一刻。

永遠記得，我們比自己想像的脆弱，但也比我們自己想像的更強大。

接受，遠比改變的能力重要

虎妞在滿三歲半後，我們決定讓她離開褓母家，到幼兒園小班去上學。

爲了虎妞人生第一所學校，我們夫妻探訪很多家幼兒園，希望教學環境優質，有開闊的運動空間，老師用心教學，餐飲點心衛生健康等等，我們設想了許多「理想條件」。

經過我們一個多月來的探訪及試讀，最後我們選定了一家最符合「理想條件」的幼兒園。

對於第一次正式上學，虎妞很興奮，我們帶著她一起去挑選各種上學的文具用品，滿懷期待上學的日子趕緊到來。

記得，正式上學的第一天，虎妞早早起床，完全沒有賴床，我們幫她穿好衣服、背上書包，準備到社區大門口等待娃娃車接送。

我們再三溫馨提醒虎妞，到幼兒園要好好聽老師的話，要跟同學好好相處，不要吵架、搶玩具，然後要注意安全喔……

當虎妞上娃娃車時，我們內心有一絲絲不捨，感覺好快喔，寶貝女兒長大了，去上幼兒園了……

但這種感覺只停留大約幾秒鐘，取而代之的是一種「自由」的快感，終於……我們夫妻可以悠閒地找一間早午餐，好好享受難得的兩人時光。

過了大約不到半小時，當我們很悠閒地吃著早餐、喝著咖啡、看著報紙時，太太接到幼兒園打來的電話……

「哇！這家幼兒園的效率眞好，馬上打電話來回報上學情形，可能是因爲第一天上學吧……」我太太開心的說著。

過沒幾秒，太太的臉色大變，放下手上的咖啡，眼眶開始泛著淚水……

「發生什麼事情了!?」我著急地問。

「虎妞到幼兒園後，早上園方帶孩子們在開闊的廣場小跑步做些運動，沒想到，虎妞在跑步的過程中，跌倒了，撞破了整個嘴唇，一直流血……」

太太眼淚不斷流下。

這時我的心也狠緊緊地揪了起來！

我們趕緊坐車趕到幼兒園瞭解情況。

我永遠記得，當我們踏進幼兒園，看見虎妞受傷的那一刻，看著她嘴唇破裂，鮮血沾滿臉龐跟衣服，雖然虎妞很勇敢一直忍著不哭，但當她看見我們的瞬間，還是忍不住抱著我們哭了起來，這種刻骨銘心的心痛感覺，是非常難以言喻的……

當我試著跟園方瞭解整個事件發生的過程，我發現其實這件意外是「有機會」避免的……園方自知理虧，尤其園方知道我的律師背景，更是緊張，只能不斷跟我們夫妻道歉，負責帶虎妞的班導師更是已經著急的掉下淚來。

●穩定情緒，專注解決問題

這時，因爲極度心疼，在我內心深處醞釀起一股憤怒的情緒……就在我情緒快要崩潰、爆發的瞬間，我控制了自己，我讓自己沉默好幾分鐘，感受到「憤怒情緒」慢慢地、慢慢地「降溫」下來……

接著，我才用著冷靜、緩和的口吻說：「我知道沒有人願意發生這樣的事情，但『事情發生了就是發生了』，我們只能『接受』，再多的責罵、怪罪，都『於事無補』，只希望你們檢討這個過程，避免未來有任何孩子再受傷。」

園方原本以為我會大發雷霆，沒想到是這樣的反應，每一位老師臉上都掛著「錯愕」的表情。

我抱起虎妞，離開幼兒園，立刻坐車到太太的牙醫診所做進一步的檢查。照了X光，果然，如我太太所擔心的，除了嘴唇的破裂外傷外，虎妞門牙的牙根「裂了」！

我們依舊沒有去怪罪幼兒園的老師們，也完全沒有打算求償或採取任何法律行動，因為我們知道「事情發生了就是發生了」，無論怪罪再多的人，有再多人為這件事情負責，都無法改變虎妞已經受傷的事實。

我太太先請兒童牙科專科的同事幫忙虎妞做初步的治療，結束後，我們帶著虎妞到內湖美麗華去坐她期待超久的摩天輪。

原本期待這樣的驚喜，可以「稍稍」撫平虎妞的心情，沒想到，孩子就是孩子，擁有強大的「忘性」，看到摩天輪後，所有壞心情全都拋諸腦後，開心的玩了起來，只是偶爾會回過頭來笑著跟我們說：「拔比、媽咪，我的嘴巴好像闔不太起來耶……」真是讓我們感到又心疼，又好笑。

接下來幾天，我們讓虎妞好好在家裡休養。

雖然我們非常擔心嘴唇這麼大的傷口，不知道多久才會好，更擔心未來會不會留下疤痕，此外，還有一個大麻煩，如果撞裂的門牙牙根沒有自己癒合的話，就需要進一步拔除做假牙。

但我們沒有讓憤怒情緒「外溢」去怪罪任何人，我們相信只有保持專注力量，用心照顧虎妞，才是當下最重要的事情，「其他一切都會有最好的安排」。

經過一個星期，讓我們感到非常驚喜，虎妞嘴唇的傷口恢復情形很好，不到兩個星期，她嘴唇上的結痂自然脫落，完全沒有留下疤痕。而且，經過幾個月的觀察，虎妞門牙的牙根癒合了！

虎妞在家休養一個星期後，就快樂的回到幼兒園上學去了，而且每一位老師都特別關心、照顧我們家虎妞。

●接受「它就是這樣」

所謂「意外」，就是「意料之外」，虎妞受傷的這件事情，沒有人希望它發生，也沒有人故意導致它發生。當然，從事後的角度去研究，一定是有機會避免的，但事情終究還是發生了，這是世間事的常態。

我之所以不願意去追究任何責任，是因爲我知道「於事無補」，就這麼簡單，將最珍貴的生命能量花在「於事無補」的事情上，是種生命的浪費。

人對於生命「如我們所願進行」的期待感，是一種對生命不合理的錯誤認知，一旦事情非如我們設想的完美，或者突然發生意料之外的事件，就會造成我們的痛苦，破壞我們內心的平靜。

接著，我們內心會燃起一股強大的負面情緒，會牽引我們第一時間去責怪別人，讓我們的情緒找到發洩的出口對象，但事實上，憤怒無法解決任何事情，只會蒙蔽我們的智慧，讓我們錯過解決問題的契機。

不斷抗拒已經發生的事實，逃避命運已然的安排，只會帶來更多無謂的情緒與痛苦。生命中所有得不到的、失去的、發生的、不發生的一切，都是命中註定，我們必須學會接受「已經發生的事實」「它就是這樣了」。

一個擁有改變能力的人不是最強大的，因爲改變終究是有極限的，這世界存在太多無法改變的事情。**一個最強大的人，是擁有「接受」的能力，接受得到，也接受失去，接受任何已經發生的事情，接受生命本有的「無窮可能性」**，只有當我們眞的「接受」了，才能在不帶抗拒的負面情緒下，專注解決當下最重要的事情。

接受，遠比改變的能力重要。

第五章

做對的事，需要很多傻勁

人脈槓桿的支點

剛下飛機走出機場，來到零下五度、下著冰霜的南京市。

這次專程來到南京，是爲了協助處理黃大哥的繼承案件。

死亡的被繼承人黃大哥是一位台商，在兩岸三地經營家具工廠、批發業二十多年，企業經營得很成功，但就在一切看似穩定的情形下，黃大哥卻不幸在南京的豪宅裡心肌梗塞去世了。由於事發突然，對於企業及相關資產的繼承幾乎毫無安排，整個家族都是頭腦發燙、毫無頭緒。

我初步對黃大哥的企業及資產進行分析，發現他的不動產分布在台灣、香港、南京、深圳、上海、重慶，公司設立在台灣、南京及香港，還有薩摩爾群島，然後在台灣、大陸、香港、日本、美國都有銀行帳戶……

坐在陳董的車上，陳董是黃大哥的好兄弟，重義氣的他專程到機場接我並提供相關協助。看著窗外鋪上一層薄雪的高樓大廈，在我腦海中浮現了第一次到南京的景象，當時也是鋪上皚皚白雪的寒冬。

當時雖然我已經考取台灣律師證照，但當我走出機場踏上南京的路上，突然有種說不出的焦慮。我發現，雖然自己在台灣好像很厲害，但到了大陸，過去多年努力所學的台灣法學專業，幾乎派不上用場，台大的學歷、台灣的律師證照在這個時空下，幾乎沒有任何意義。

從小我知道自己不是特別聰明，所以一直以來無論做任何事情都非常認眞，法律專業的養成訓練，讓我認爲自己一定要非常專業、要比任何同業專業、要能夠讓客戶「問不倒」，最好可以把全部的專業知識都裝進我腦袋瓜中——我相信凡事都要「靠自己」。

但，心中閃現一個念頭：

我花這麼多年才學會了台灣的法律專業，難道也要花一樣多的時間去學習大陸的法律嗎？我有這些時間、精力嗎？

專業人士都有一種「擔心自己不夠專業的恐懼感」，雖然這時的我就是被這樣的恐懼感籠罩著，但又隱約感受到「想要凡事靠自己，不用求人」，其實是一種很狹隘的觀點。

這樣的恐懼、矛盾的情緒，在我心中留下一個幽魂般的疑惑。縱使後來回到台灣，我買了很多本大陸法律專業書籍閱讀，也僅是隔靴搔癢，疑惑依舊糾纏著我。

●不小看每段際遇與緣分

二〇〇九年，我代表台灣律師公會參加兩岸四地——台灣、中國大陸、香港、澳門律師盃羽球賽，在這次球賽裡，我獲得男單、男雙的金牌，成爲全場注目焦點。

賽後，大家互相配對交流友誼賽。我發現一位個不高，大約一百六十五公分，戴著粗框眼鏡，挺著小圓肚的年輕男律師，一看就是菜鳥，一上場果然眞是菜鳥無誤！

球場很現實，沒有人想輸，所以沒有人願意跟這個菜鳥配對。我看他有點落寞，獨自坐在場邊，帶著羨慕的眼神看著場上的人。

當時我對自己的球技很有信心，我自認縱使「背」著他跟別人打，我仍然有自信可以贏，所以我主動上前去約他搭擋。

他很驚訝我願意跟他配雙打，當時臭屁的我跟他說，「有我在，不用擔心會被電，我讓你靠。」幾場友誼賽下來，雖然因爲他的程度眞的太差，讓我在場上疲於奔命，但至少也讓大家都盡興打了幾場好球。

因爲這次的緣分，我跟這位看起來很宅的羽球菜鳥交了朋友，他的年紀跟我差不多，叫做「郭宗碩」，家在安徽省鄉下，考上律師後，到深圳當「打工仔」（大陸上班族的稱呼）。

自從那次球賽後，每次我到深圳開會時，宗碩都會拜託我去教他打球，拗不過他一再請託，後來我乾脆在深圳朋友那邊擺上一套羽球鞋、球拍及球衣。只要我人在深圳，總會撥幾個晚上去陪宗碩他們事務所的球隊打打球，畢竟教他們打羽球這件事，對我來說，是一件不費力的小事，我們也因此變成很好的朋友。

二〇一二年，台北的溼冷清晨，在送完孩子去褓母家後，才剛踏進家門，就接到黃太太的電話，在電話中，她的聲音很著急、帶著噎噎啜泣的聲音告訴我，黃大哥去世了，但因爲他的資產遍佈兩岸三地，而她認識的律師只懂台灣的法律，還有這麼大的公司該怎麼處理股權過戶及後續的接班問題！她很煩惱，已經好幾天睡不著覺，希望我能夠幫她想想辦法。

我心裡忖度著，如果資產遍佈兩岸三地，確實無法直接用台灣的法律去完成相關的資產繼承，也就是說，一般台灣的律師同業可能辦不了這個案件。

就在我一籌莫展時，心裡突然有個靈感：或許宗碩可以幫得上忙。

雖然我不敢抱持很大的希望，畢竟我們只是球友關係，況且這個案件的複雜度遠超過我的想像，也沒把握宗碩有辦法幫忙嗎？

沒想到，當我聯繫完宗碩，並將案件事實跟他說明後，他告訴我，比起打羽球，這是小事一件，他處理過非常多台商在大陸的繼承案件，他說：「兄弟，請放心，這個案件我讓你靠。」

隔了一天，他竟然傳給我一份超過一萬字的案件解析報告書，裡面記載這個案件的法律關係分析及詳細正確的處理流程，這時候他一毛錢都還沒有收……看完他的報告跟說明，真是令我太驚豔了，真是強大啊！

只剩一下個疑問——宗碩人在深圳，黃大哥主要事業在南京，不知道宗碩是否可以勝任？會不會有地緣關係的障礙？

他用一貫的爽朗笑聲解除了我的疑惑。

原來，宗碩他們的律師事務所是中國前十大律師事務所，全中國各主要城市都有分所，總律師人數超過一萬兩千名，逼近全台灣律師總數！

此外，他們跟許多跨國事務所都有合作，加上他們在香港也有分所，甚至連台灣都有分所，所以這個案件他會組成一個兩岸三地完整的律師、會計師團隊來辦理。

●靠自己是一種限制，靠眾人才是最強大的本事

思緒回到了眼前，這就是我這次專程到南京的目的——協助辦理黃大哥的繼承案件。

後來在宗碩組成的專業團隊協助下，黃大哥的繼承案件進行得非常順利，黃太太及家人很快就完成了整個企業及資產的轉移與繼承——眞的如宗碩說的，對他來說，這是一小塊蛋糕（a piece of cake）。

這時候的宗碩，不再只是那個在球場上，不起眼的暴弱菜鳥了——他的法律專業超乎我想像的強大啊！經過這次案件，宗碩律師的法學專業也受到黃太太的認可，從深圳轉換到南京上班了，擔任她們公司的專屬法律顧問，這也讓宗碩在律師事務所的職位、收入大大提升了——在中國律師事務所，年輕律師想要往上爬，除了專業外，最重要的是要有大力支持的大客戶。聽說隔年宗碩就因此升上了「初級合夥律師」。

這次的歷練，除了幫助黃太太及宗碩外，也徹底破除了我多年來的疑惑。我深刻體悟到，凡事只想要「靠自己」，很快就會感受到限制，因爲縱使我再厲害，也只有二十四小時，想要在社會上生存，就必須學會「靠別人」，當我可以靠很多人的時候，我解決問題的能力就會非常強大。

每個人都有自己交朋友的方法，只是我幾乎從不靠喝酒應酬。

每當我認識一個新朋友，或者與任何朋友見面互動時，我總會用心留意，「他們有遇到什麼困難嗎？我能幫上他們什麼忙？」將別人放在心上的「利他思維」，幾乎已經深入我的骨髓之中，內化成為我與人互動的直覺反射，這帶給我自己與別人都有很大的幫助。

不要小看眼前看似不起眼的小人物，有時小人物會有讓你意想不到的大智慧、大效用，反而，有時你努力交往、阿諛奉承多年的所謂的大人物，終其一生都不會對你有任何一絲幫助，只是搞笑般白忙一場。人不用太會算，因爲你終究算不過天，人要做到的是，能夠眞誠無愧的對待每一個出現在我們生命中的有緣人，無論貧富貴賤。

記得，一個人活在世上，必然有他生存的本事，也就是他「擅長的事情」，別人可能做不到或者做得很辛苦，但對於他而言，就是「一塊蛋糕」——a piece of cake。

我很喜歡幫忙「牽線」，讓朋友們運用自己強大的「本事」去幫助需要的人，通常他們都會願意伸出援手，因爲當年他們也是透過我的牽線接受別人的幫助。一個曾經接受別人幫助的人，會有比較高的意願回饋去幫助下一個人。

每當任務完成後，他們彼此也會因爲這難得的緣分而認識，拓展彼此的人脈關係——就像宗碩與黃太太一家人。而我也增強累積了幫助下一個人的力量。

在這個強大的複合式善緣人脈網絡中，我只是「人脈槓桿的支點」。凡事不要只想著「靠自己」，**「靠自己」本身就是一種限制**。

努力鍛鍊自身的心性，讓我跟任何人都能相處，從不忙碌於虛假的應酬，卻始終保持利他的起心動念，讓我懂得如何求人，也讓我跟任何人都能合作，我所追求的是利他的累積價值，當我成爲撐起無數人脈網絡的支點，就建立了我「靠無數人」的強大本事。

只要能夠成爲無數人脈網絡的槓桿支點，你的能量及影響力會非常強大，這時候已經無須去想可以從中獲得什麼好處，因爲，「別人都會幫你想好了」，一切就是這麼「順其自然，水到渠成」。

成功，需要蚊子叮牛角的傻勁

以前在補習班教書，很多學生總是喜歡向我打聽速成的讀書方法，不希望他們在準備考試的路上浪費一分一秒。

這些學生們總是很「急躁」，花了大量的時間打聽、嘗試各種偏方，希望可以抄捷徑，比別人更快讀完，希望用最少的時間得到最大的效率。

然而，看過無數這樣的「急躁的孩子」，說實話，幾乎沒有人能在大學入學考試中獲得重大勝利，在人生關鍵的一年裡，他們只得到了「折騰」兩個字。

很弔詭的是，經過我的仔細觀察，在大學入學考試中得到最終勝利的，反而都是那些看起來憨憨的，來到補習班就聽話照做、按部就班的孩子，他們雖然不聰明，卻也不會一天到晚想東想西，只會老老實實、腳踏實地的上課、複習、寫題目、訂正。

為什麼會有這麼大的反差？他們的勝敗關鍵，並非智商，而是「心性」。

那些聰明急躁的學生們，得到一種讀書偏方後，總是不滿足，才剛學一小段時間，心思就又飄到下一個更厲害的方法上，總是用盡心力嘗試一種又一種讀書偏方，卻也總是缺乏徹底執行的決心、耐心及毅力，這樣「急躁的印記」深深烙印在他們的心裡，影響著他們的專注力。

一個越是急躁、越是害怕浪費時間的學生，就越難專注在枯燥乏味的看課本、寫題目、訂正等重要的基本功。在他們可以自己掌握的念書時間裡，包含中堂下課或自習時間，他們很難靜下心來，把握時間多背幾個單字、多寫幾題數學，他們或許跟同學聊天、或許滑手機上網、或許向同學炫耀著他們的偏方，**越是害怕浪費時間卻又總是慷慨的浪費時間**，這都是被「急躁的印記」操縱的結果。

這個「急躁的印記」不只會影響他們考試念書的成績，更會決定他們一生在工作、事業發展上的結果。

去年董事會到凱撒衛浴越南分公司視察時，有一位公司同仁給我留下很深的印象。

宥新，跟我同年，是個腳踏實地的老實人，在二十三歲退伍後，因爲家境不好，看到新聞說未來東南亞很有發展潛力，又看到凱撒衛浴公司提供比較優渥的薪水給「越南儲備幹部」，他就很「帶種」投了履歷，這時候的他，一句越南語都不會講，也沒有任何正式的工作經驗，憑著一股傻勁，就這樣飛到越南接受職前訓練了……

十幾年前的越南，雖然說「未來」很有潛能，但當時的經濟發展依舊非常落後，當地的衛生、飲食環境不好，加上凱撒衛浴嚴格的教育訓練，必須在工廠及公司分別歷練，還有要求所有台籍幹部必須學會越南語，所以剛到越南時，宥新吃盡了苦頭，更拉了、吐了不少次肚子。

經過一年後，終於撐過了剛開始的生活適應期，也慢慢學會生活及商務所需的越南語，開始正式在全越南各地跑業務。這個範圍不是台北高雄這麼短，大家可以看一下地圖，越南從北到南超過一千六百五十公里，凱撒在全越南超過五千家經銷商，這種業務的「跑法」不是一般人可以想像的辛苦。

初期每次回台灣休假時，總有朋友取笑、懷疑宥新的選擇，認爲應該留在台灣好好發展，眞想要賺大錢、賺快錢也應該選擇大陸才對。雖然宥新沒有辦法反駁，但也沒有因此對自己的選擇有所動搖。

別害怕浪費時間

就這樣撐過了五年（大家看文章感覺五年沒什麼，眞要你離鄉背井，待在越南的環境工作與生活，就會知道五年其實眞的很漫長），宥新的努力及優秀的表現，開始晉升公司的業務主管，年薪早已超過百萬，加上生命的緣分，讓他結識了越南籍太太，兩人婚後生了一個寶貝兒子，也存了足夠的錢在越南買房子，基本上，可以算是「落地生根」了。

再經過幾年後，宥新終於盼來了「改變命運的機會」……

越南陸續加入東協組織及TPP組織，驚人的GDP成長率，帶領越南的經濟開始「起飛」（越南開始有了「東南亞之虎」的稱號），越南凱撒衛浴的業務也獲得爆發性的成長，宥新踏實優秀的工作能力加上「競爭優勢」（對越南環境的熟悉及娶妻生子落地生根），替自己爭取到更高的職務及大幅成長的薪酬，徹底改善家裡的經濟生活，並且隨著房地產成長，當初購買的房子也獲得好幾倍的報酬！

十年過去了，宥新已經是我們凱撒衛浴越南業務單位的高階主管了，轄下有著數百名的業務夥伴，負責每年數億的營收，年收入早已超過好幾百萬。

對了，附帶一提，以他這樣的收入，在越南可以過著「非常舒適」的生活……（當地人的月平均薪資約四千元台幣）。

現在休假回台灣，跟朋友見面吃飯時，當初每個取笑他的朋友都很羨慕他，尤其對比台灣目前經濟的停滯、低迷、衰退……都說當初他的選擇是多麼「正確」啊……

很多人一生，都是聰明反被聰明誤。

越是聰明就越害怕浪費時間，腦海中充滿著想要速成、想要捷徑的「噪音」，多年來不斷折騰來折騰去，養成了「急躁的習性」，這個負面情緒驅使著他們不斷轉換工作，看似很忙很忙，看似做了很多事情，實際上，卻只是像個「陀螺般的人生」，一年又一年不斷地在原地轉圈。

成功，很困難，但沒有我們想像的複雜，不用很聰明，但需要擁有像「水牛」的性格與「蚊子叮破牛角」的傻勁，踏實地、穩定地，甚至有點傻乎乎地，在某個領域中，好好幹上幾年，一定會有收穫。

很多人害怕「浪費時間」，只有看到「保證成功的機會」出現，才願意「堅持」，然而絕大多數的人終其一生都沒有找到這樣的「好康」。相反的，人往往必須「堅持」很長一段時間後，才有可能看到並把握得住「改變命運的機會」。

見證上帝的偏心

有天下午，一如往常，我們夫妻帶著兩個寶貝到信義計畫區逛街、遛小孩。當我們走到紐約紐約廣場時，在迎面而來的路上，我看到了一個熟悉的臉孔，果然是我的大學隔壁班同學郁婷。

她跟她老公岳平都是我台大法律系的隔壁班同學，從大一就是班對，兩人從大一開始就一起拿書卷獎，一路連莊到大四畢業，然後一起考上台大法研所民商法組，這是全國公認最難考取的法律研究所，還大四一畢業就一起通過律師、司法官考試，甚至研究所畢業時，還一起拿到美國哈佛大學公費留學資格，然後公主與王子在美國讀書時，順利攜手步入禮堂。現在郁婷是一家跨國律師事務所的合夥人，而岳平則是知名的新銳法學教授。

眞是太猛了，這在我們法律圈來講，幾乎是毫無瑕疵的學經歷，更令人羨慕的是，郁婷是公認的校花，而岳平也是公認的校草。今天見到郁婷，連我老婆也稱讚是位大美女啊！

在他們身上，我見證到上帝的偏心。

但，我一點都不嫉妒他們，反而打從心裡佩服他們。在外人的眼中，只會認爲他們是所謂的「人生勝利組」，認爲他們是天賦異稟、一生順遂，加上無數幸運，達到令人稱羨的成就。其實，這樣的想法只說對一半，因爲我知道，他們從大一開始就非常非常努力，在法學院圖書館中永遠都可以見到兩人的身影，幾乎從未間斷，所以我始終認爲，他們令人驚嘆的成績，得來毫不僥倖、問心無愧。

在這世界上，幾乎沒有天才是事前被發現的，都是「事後證明的」。你會稱呼一個人天才，必然代表這個人已經在某個領域中有著極爲突出的表現，並逐步邁向偉大之路。

所謂的天才，就是在接受長期正規嚴格的訓練後，可以表現得比其他人強大的人。這個定義的重點在於「接受長期正規嚴格的訓練！」

任何能夠成就偉大的天才，都是建立在長期正規嚴格訓練的紀律基礎上。

就像鈴木一朗如果沒有接受日以繼夜數十年的棒球訓練，可以被稱為「天才打擊者」嗎？麥可喬丹如果沒有接受持續數十年的籃球訓練，可以被稱為「籃球大帝」嗎？

不要輕易地將別人的成功，歸功於天賦，卻有意地忽略別人辛苦努力的過程，彷彿就能為自己的失敗帶來安慰，彷彿自己的失敗是因為先天的天賦差距，而不是後天的努力不夠。如果你只是浸淫在自我謊言之中，你將註定一事無成。

●你是否努力到連自己都感動了呢？

其實，我在台大讀書時，認真仔細觀察過許多公認的高手、怪物，發現他們都是非常努力的，幾乎沒有看過不努力就成為強者的人。

如果真的要說這些成功的人有「天賦」，我認為應該是指，他們在很年輕的時候，就有智慧可以洞察並真心接受「想要成功，就必須非常努力」的簡單道理。

我們的聰明才智不是固定不變的，就像你三歲時的大腦跟三十歲時的大腦能力一定很不一樣，當然，極少數的人可能眞的變化不大……希望你不是這樣的人。

我們的大腦能力是不斷變化的，從小到大，每分每秒，都會因爲你所學習到的、歷練到的、體悟到的一切，對你的大腦能力產生某程度的影響，可能一點一滴變好，也可能一點一滴變壞，一切的轉化都由每個當下的你所決定。

人在每一個瞬間都在變化，每一個當下的努力絕不會白費，必然會內化成爲你的一部分。

記得有一次，有位女性讀者打電話到公司，跟我說：「許律師，我在電視上看到你的專訪，我覺得看你的樣子，就知道你從小就必須要很努力。像我從小照鏡子，就知道自己一輩子不用太努力……」雖然這位讀者的來電，讓我感到有些無言，但她說對了，從小我不認爲自己特別的聰明，所以一直很努力走到今天的程度。

說來弔詭，**通常很努力的人都認爲自己不聰明，所以必須要很努力；通常不努力的人都認爲自己很聰明，所以不需要太努力**。

一個不努力卻自以爲聰明的人，他的聰明其實只是幻想，也是可怕的人性陷阱，只會帶來眼高手低的心態，浪費無數大好青春。他們往往想要一步登天，看不起基層的工作，這樣的聰明對於成功而言，是一種「障礙」。縱使讓他偷機取巧的獲得某種成功，也只能維持極爲短暫的時間，就像偷工減料的海砂屋一般。

一個人是聰明或者天才，都不是眼前可以論斷的，都是嚴格的「結果論」，只有獲得最後成功的人，才能被冠上如此的讚譽。如果現在的我們，還沒有成功，代表我們一點自傲、自以爲聰明的本錢都沒有，除非，我們懂得從現在開始，每一天腳踏實地的努力，而當我們懂得謙卑努力時，代表你慢慢變的「眞正聰明」了。

與你分享一個祕密：當你看得起每一天努力的自己，當你努力到連自己都感動，老天會在無數人的心念中不斷「暗示」應該要來幫助你，成爲你的生命中的貴人，關鍵時刻老天還會給你「不可思議的靈感」，更有無數說不上來的「好運」。

自我控制的力量

一九六一年出生的不老天王，劉德華先生，雖然已經「高齡」五十五歲，但依舊能夠維持「凍齡」的帥氣臉龐，眞是堪稱演藝圈的奇蹟了。

近日劉德華在參加一個廣播節目訪問時，主持人非常好奇華仔的養生之道。

劉德華談到，他沒有什麼特別的祕訣，只是要求自己「別吃太飽」，只吃「六到七分飽」，然後現在與妻子都選擇吃「蔬食」，然後幾乎不吃甜食，因爲「甜食吃多會很容易老」。此外，他還特別提到，自己每天的作息都是晚上十點睡覺，早上八點起床，非常簡單規律的生活。

劉德華在這段訪談中，提到的養生之道看似很簡單，但其實需要非常強大的「自我控制力量」。

每天從電視上、捷運、網路廣告中，充斥著各式各樣的「瘦身」產品及醫療服務，顯見「瘦身」在現代社會幾乎已經是全民運動。從另一個角度描述，這代表幾乎每個人都無法靠自己的「自我控制力量」完成瘦身任務，必須借助某種「外力」。

我身高一百八十一公分，以前在青少年時期當羽球選手的時候，體重一直維持在七十八公斤左右，當時對自己的健壯身材很是自豪。可是，當我出社會後，物質條件改善了，吃得好了，應酬也多了，酒更是無意識往嘴裡灌，體重也直線飆升，曾經突破九十公斤的驚人大關！

後來我發現西裝是一種很容易「欺騙自己」的服裝。因爲西裝外套通常是深色的，往身上一套，就能夠蓋住「中廣型肥胖」的那圈肥肚子。

可是當我的肥肚越來越大，皮帶釦一顆一顆往前鬆開，直到有一天照鏡子時，突然發現西裝外套裡面隱約看見的肥肚——再也隱藏不了肥胖的「鐵證」！

讓我徹底下定決心瘦身的關鍵是，兩個寶貝女兒出生後，我很明顯感受到自己的體能下滑，平日工作時身體比年輕時更容易感覺到疲倦，這帶給我很大的衝擊。

因爲我問自己，如果任由這樣糟蹋身體，會不會有一天無法好好陪伴她們長大，甚至有一天「倒下去」了，反而成爲她們的負擔？

經過幾乎一年的「自我控制的特訓」，我成功讓自己的體重穩定、緩慢、健康的下降，終於回到青少年當選手時期的體重——七十八公斤，也練就一身健壯的肌肉！

●減肥有三個階段

我想跟各位讀者分享一些我瘦身的小小心得。

當我下定決心瘦身時，首先我檢視自己爲什麼會「變胖」？

我發現肥胖的原因很簡單，就是「吃得太多，動得太少」。

想要瘦身，專家說，每餐應該只吃「七分飽」，這樣才不會「過食」。「過食」，也就是吃太多，是現代人肥胖的最普遍原因，其實，我們的身體並不需要那麼多的熱量。

我們每天至少有三次機會，早餐、午餐、晚餐，來面對「七分飽挑戰」。然而，我們常常會騙自己說，現在是早餐，是一天的開始，所以要吃得跟皇帝一樣。

到了午餐遇到美食當前時，又會騙自己說，專家曾經說過午餐是正餐，可以多吃一些，只要晚餐少吃一點就好。

可是到了晚餐，再次遇到美食誘惑當前時，很容易就忘記午餐時的承諾，又會騙自己說，「明天再開始減肥」吧！

就是這句該死的「明天再開始減肥」，最最可怕，幾乎是每個人墮落的關鍵字！

因爲明天，就是今天劇本的翻版！我們只會無限制沉淪下去！

幾乎無數人的瘦身計畫，就在一日三餐中，一次次敗給自己，一天敗給自己三次，一個星期二十一次……往往不到兩個星期就信心全失，宣告放棄。

然而，七分飽挑戰，只是瘦身的第一關。

縱使真的征服「七分飽挑戰」，根據研究顯示，隨著我們年紀越大，「基礎代謝率」會大幅下降，所以如果我們只是單純少吃，因為低基礎代謝率的關係，我們依然無法瘦身，甚至可能會增胖，這就是很多人「中年發福」的緣故。

因此，想要真正達到瘦身的目標，除了吃得少以外，更要「多動」！因為肌肉的基礎代謝率比脂肪高，所以當我們全身的肌肉比例提高，就能提高我們整體的基礎代謝率，能夠消耗更多的熱量，搭配七分飽挑戰，才能夠達到大幅度瘦身的目標。

然而，絕大多數的人對於運動都是「三分鐘熱度」，一開始興沖沖，買健身中心的票券、逛街買一堆運動服飾、球鞋及配件，甚至砸下鉅資購買高級腳踏車等，但過沒幾天就開始找一堆藉口，什麼要加班啦、接小孩啦、進修啦、沒人一起運動等等，講到底就是「怕累」，因為要真正達到瘦身效果的運動強度，肯定要滿頭大汗、大量消耗體能的。還有一些人聽信錯誤的運動資訊，貪快，想要達到快速的運動效果，去從事一些「極速燃燒脂肪」的運動，最後導致運動傷害。

建立規律、健康、正確、長期的運動習慣，是瘦身的第二關。

瘦身的第三階段，就是不只追求「表面體重數字」的下降，還期盼建立健康的生活飲食習慣。包含劉天王談到的盡量不吃甜食，還有不吃過度加工的食品、不吃油炸類食物、不喝冰水、不喝手搖杯飲料、多吃蔬食等，更重要的是建立「早睡早起」的規律作息。

這個階段就不只是談論眼前的表面成效，而是從「整個生命長遠的角度」來看待瘦身這件事情。這個階段我們面對的挑戰更是艱鉅，因爲幾乎所有「好吃」的美食，都是「不健康」的……例如：鹹酥雞、珍珠奶茶、燒烤……而且戰勝誘惑的動機，不像體重這麼短期有效，已經進入某種更高層次生活品質的追求。

進入第三階段並如實履行數年之後，我們的人生會有截然不同的正向轉變，我們的身體會感覺到更有活力、更輕盈，不容易感到疲倦，專注力也會明顯比一般人更爲強大。

●你不是敗給美食、運動，而是敗給了自己

或許大家已經發現，「瘦身」講起來很簡單，就是「少吃多動」並且「長期紀律堅持」，但為什麼只有極少人可以不靠藥物、手術等外力，來完成挑戰呢？

說到底，瘦身是一個「自我控制」及「戰勝自我」的過程。很多人之所以辦不到，其實就是缺乏「自我控制的力量」，簡單說，不是敗給食物或運動，而是「敗給自己」了。

記得我曾讀過一段野史。當初，蔣介石先生與毛澤東先生會面時，會面結束後，蔣介石跟祕書陳布雷說：「毛澤東此人不可輕視。他嗜菸如命，手執一縷，綿綿不斷。但他知道我不吸菸後，在同我談話數小時期間，竟絕不抽一支。對他的決心和精神，不可小覷。」

在這世界上能夠做大事的人，必定是一個擁有強大「自我控制力量」的人！一個連自己都控制不了的人，絕不可能做得了什麼大事的。

「食欲」是我們最基本的「生理欲望」，當我們飢餓時，會無限度放大美食的「誘惑情緒」，然而這個「誘惑情緒」只是一種「幻覺」，只是「一時的」。就像當我們吃飽時，這個誘惑情緒就會淡化，再也無法影響我們、控制我們。

而一個強大的人，就是能夠在強烈「誘惑情緒」籠罩時，從內心產生「覺察的力量」，能夠抵擋誘惑、控制自己不受影響，進而戰勝自己。

不要小看自己，人心有無限的可能，你我都擁有戰勝誘惑情緒的「潛能」，要對自己有強烈的信心。

「鳥只吃足夠飛翔的食物」，一個擁有「自我控制力量」的人，能夠在關鍵時刻「按下停止進食的按鈕」，這是一種自我紀律的訓練，更是一個對自我有高度期待的人不可逃避的挑戰。

天王劉德華爲什麼有這麼高的「自我控制力量」，因爲維持好的體態是他的「職業」，這是毫無妥協空間的工作態度，更是數十年如一日的「職人精神」，這也是他能夠紅遍兩岸三地數十年的關鍵因素。

如果，你自認爲是一台「頂級的法拉利跑車」，你會輕易讓自己吃進來路不明或明明知道對身體不好的食物嗎？

這是一個很簡單的道理，你對生活及飲食的習慣，代表你的生命價值觀及自我期許，這往往也就代表你一生成功或失敗的關鍵。

一個連吃都控制不了的人，你還能期待他控制完成什麼樣的事情呢？

一個擁有強大「自我控制的力量」的人，會在一次次戰勝自己的過程中，發自內心建立深刻穩固的「自信心」，在面對生命逆境的衝擊時，能夠展現驚人的「生命韌性」。

一個連自己都控制不了的人，縱使贏得一切，終究有一天會敗在自己身上。

或許一個人可以仰賴天資聰穎及勤奮贏得一些成績，但一個眞正的強者必須要能控制自己，包含想做的、不想做的、喜歡做的、不喜歡做的、應該做的、不應該做的。任何人都無可避免會在生命某個時間點，遭遇嚴峻考驗自我的時刻，此時一切的外在資源及專業知識顯得無力且脆弱，能否挺過這一關，取決於我們的「心性」，尤其是「自我控制的力量」到底有多強大。

你一輩子最大的對手永遠是你自己，你一輩子最大的風險永遠是你的心。

後記

你，就是光

我想跟大家分享兩個故事。

第一個故事。

羅董是我的一位大哥，今年五十二歲，是一位成功的白手起家的企業家。

雖然已經有家庭，女兒也上了高中，但……在某個餐會裡，認識了廠商的業務經理小惠。

小惠，今年二十四歲，一百六十八公分，四十五公斤，長相非常亮麗，身材凹凸有致，讓羅董非常「傾心」。

羅董發動了金錢攻勢，最後成功打動了小惠，讓小惠願意成爲「小三」，羅董每月給小惠二十五萬元的「零用錢」。

至於羅董該不該背著老婆在外面找小三，這不是這篇文章要討論的重點，請大家暫且把這個道德爭議放在一旁。

就這樣，羅董與小惠在一起了半年左右。

有一天，羅董跟我在喝茶時，心情有點沉重問我：「峰源，你覺得小惠有沒有愛我？」

羅董這個問題，讓我有點難以回答，因爲稍有社會經驗的人都知道，一個月付二十五萬的「零用錢」，絕不可能只有牽牽小手、吃吃飯、看看電影……

「董阿，您怎麼會問這個問題？」

「哎，我也不知道該怎麼說起……」羅董看起來有點悶悶不樂。

突然間，羅董似乎靈光閃現想起什麼，說：「對了，聽說一個女人只要願意替一個男人生孩子，就是眞的愛他的，是嗎!?」

這個想法讓我驚呆了，我說：「董阿，這樣不好吧……會讓事情變得非常非常複雜……」

羅董似乎完全沒有把我的勸告聽進去，帶著一抹淡淡的微笑離開了，我的心卻留下了深深的擔憂。

過了一段時間，羅董很隱密跟我透露了小惠懷孕的消息！

雖然這有點像在刀尖上舔蜜的冒險，但羅董似乎沉迷其中，一點也看不出擔心害怕的感覺，他心裡只想著，小惠一定是愛他的……

就在孩子出生後半年，有一天羅董又來找我喝茶，心情依然沉重問我：

「峰源，你覺得小惠有沒有愛我？」

羅董這個問題讓我更難回答了，我說：「董阿，你們不是連孩子都生了，怎麼還會問這個問題呢？」

這次，羅董沉默了……

第一個故事講完了，就這樣。

我們要討論的不是小惠到底有沒有愛羅董這件事，其實，當羅董一再問這個問題，答案早就在他自己的心裡了。

無論你擁有再多的金錢及地位，你可以買遍全世界，但對於人這檔事，你頂多可以花大錢佔有一個人的肉體，卻不代表你可以因此「活在一個人的心中」。

所以，**這世界上最最困難的一件事情，並不是賺到很多的金錢、贏得很高的地位，而是能夠「進入一個人的生命，活在一個人的心中」**。

當你可以進入一個人的生命，活在一個人的心中時，代表你對於對方非常重要，對方將會不顧一切代價保護你、照顧你，縱使要犧牲他自己也在所不惜。

既然擁有再多的金錢及地位，都不一定能「活在一個人的心中」，那到底該怎麼做才能辦到？而當你真的做到了，你期望達到什麼目的？也就是說，對於這樣的關係，你的起心動念是什麼？

接著，我分享第二個故事。

瑋華，是我的好朋友，是一位擁有美國柏克萊大學企管碩士的高材生，富二代，家族經營房地產事業。

有一次，我看到瑋華開著一輛寶藍色的瑪莎拉蒂雙門跑車。

我問他，為什麼挑這麼鮮豔的顏色，他告訴我，因為他今天穿了一雙「寶藍色的球鞋」，所以開了一輛可以搭配顏色的跑車……這樣大家可以稍稍體會他們家的財富吧！

他們家族之前在內湖有一塊地，蓋了豪宅後，沒有出售，全部供自己使用，地下三層坡平停車位，全部停滿自家的昂貴名車……

瑋華除了稍有公子哥的輕浮外，其實個性很不錯，外型清秀，有一百八十三公分高，長得有一點點像彭于晏，重要的是三十一歲單身，所以他身邊從來沒斷過「女朋友」……但，他都是正大光明追來的，而且極少劈腿，只是每個女朋友的週期比較短而已，大約一個月左右……

有一天，瑋華來找他的好兄弟、某家投資銀行的高階主管智龍。

剛來到公司迎賓櫃台前，眼尖的瑋華馬上發現，櫃台來了一位新的年輕「妹妹」。

這位女孩之所以吸引瑋華注意，是因為她的身上有一股很難說出口的單純、善良的氣質。

因爲以往瑋華的女朋友們，通常是像車展或電腦展的 Show Girl，或者是高檔飯局的飯局妹，身高最少要一百七十公分，身材該大的大、該小的小的辣妹。

但這女孩除了穿著公司規定的白色襯衫，搭配黑色套裝窄裙外，幾乎沒有化妝，但卻有著清新脫俗的臉龐。

見到這樣的女孩，瑋華豈不心動，豈能放過，立刻跟智龍打聽這女孩的背景。

原來，這女孩叫做「彩婕」，來自苗栗後龍鄉下的客家女孩，大學畢業後，爲了賺錢貼補家用，北上工作。

經過一番「裝文青」搭訕後，還眞的給他約到了。

經過幾次的出遊後，瑋華更加欣賞彩婕，她的個性質樸、節儉，不像以往的女孩們動不動就拉著他往 LV、香奈兒、YSL 專櫃走去，明示暗示瑋華買包包、買鞋、買香水送她們。

最特別的是，彩婕的心很單純、很善良，在她身上幾乎看不到什麼壞心眼，在她的世界總是充滿著陽光與希望。

經過幾個星期的互動，兩人算是正式交往了。

算一算時機，瑋華心裡想著，該是「收單」的時候了。

於是，某天瑋華開著一台黑色保時捷九一一來接彩婕下班。

簡單吃過飯後，瑋華從後座拿出兩瓶「拉菲紅酒」，原本以爲彩婕會很開心可以喝到拉菲紅酒，但從她的表情看來，似乎完全不知道這兩瓶紅酒的價格……但這並沒有阻擋瑋華的既定計畫。

「彩婕，我們今天晚上來喝紅酒，好不好？」

「好啊。」

「但……我忘了帶『開瓶器』。」

「是喔，那怎麼辦？」

「沒關係，我知道哪裡有開瓶器。」

「是嗎？那裡？」

「『薇閣』有！」

大家別懷疑，雖然瑋華這個藉口很爛，但他眞的是用這招，反正熱戀中的人通常不也都是這樣半醉半醒嗎？

就這樣，車子開進了大直薇閣汽車旅館。

在通過收費口時，瑋華似乎瞥見了彩婕雙手微微緊抓著自己的黑色窄裙……

當然，進到汽車旅館後，怎麼可能眞的只是來喝紅酒的，瑋華可不是吃素的。

就在雙方一番擁抱、接吻……

瑋華很溫柔地解開彩婕白色襯衫上的第一顆扣子……彩婕的頭害羞的低了下來……看著彩婕沒有反抗的意思，瑋華繼續解開了第二顆扣子……

就在準備解開第三顆、在胸線下的扣子的瞬間，彩婕抬起頭，很緊張、害羞地問瑋華：「你眞的愛我嗎？」

瑋華聽到這個問話後，腦袋裡瞬間一片空白，像是被雷打過一樣……

我急著追問瑋華，然後呢!?

●對方的信任是你的責任

瑋華喝了口酒，淡淡地說：「經過幾秒的沉默，我做了一件一輩子都想不到的事情……我竟然把彩婕襯衫的扣子一顆一顆的扣了回去。然後，乖乖地把那兩瓶拉菲紅酒給喝完了……乖乖地在薇閣睡了一晚……什麼事都沒發生……」

「爲什麼!?」我不可思議看著瑋華。

「兄弟，你不懂，這種感覺我也說不上來。」瑋華若有似無的說：「我當時覺得，彩婕對我好像有種『百分之百毫無保留的信任』，好像就要把整個人跟心都交給我了。但憑良心說，當我感受到這樣信任的瞬間，我自己一點準備都沒有，應該說，我不認爲自己有資格去承擔她對我的『百分之百毫無保留的信任』。她的單純、她的善良讓我內心那些邪惡的念頭都融化了，我眞的不忍心傷害她。」

當你用盡全力進入一個人的生命，活在一個人的心中時，你會得到對方對你「百分之百毫無保留的信任」，**然而，這並不是一場勝利，而是一種「生命的責任」**。

然而，你眞的準備好去承擔一個人對你「百分之百毫無保留的信任」嗎？

當你面對及感受到一個人對你的「百分之百毫無保留的信任」，一種把自己整個人、整顆心，甚至整個生命交給你的信任，你內心最深處的「起心動念」，會決定「你到底是一個什麼樣的人」？

什麼樣的人，才能夠衝破世上所有限制，甚至衝破人與人間肉體的界線，進入一個人的生命，活在一個人的心中？

什麼樣的人，才能眞正去承受一個人對他「百分之百毫無保留的信任」？

其實，這兩個問題的答案是同一個。

那就是，只有一個「簡單的好人」才能眞正進入無數人的生命，活在無數人的心中，也只有一個「簡單的好人」才能保持最初善的起心動念，去承受無數人對他「百分之百毫無保留的信任」。

一個簡單的好人，是一個讓內心太陽徹底顯露的人，他的簡單、他的善念像太陽一樣，照耀著、影響著身邊無數的人，不只建立肯定自我的自信，更能進而超越自我，伸出援手幫助無數人，他熾熱閃耀的光明力量更引領及改變無數人生命，去除無數人內心深處的黑暗。

你我都必然可以成爲「一個簡單的好人」，因爲在你我的內心深處，都有著一顆太陽，無論現在我們生命中存在再多負面的人事物，都不必失去盼望，因爲再多的烏雲都只是一時的，太陽一直都在。

經過三年多後，瑋華與彩婕結婚了。

我記得結婚時，瑋華眼眶泛淚告訴我：「兄弟，我眞的準備好了，我願意照顧彩婕一輩子，是她影響了我、改變了我的生命，我終於能夠承擔她對我的感情與信任了。」

婚後瑋華變了一個人，用心經營家族事業，兩人生了一對寶貝女兒，一家人過著平凡簡單的幸福生活。

光明與黑暗是無法並存的，光來了，黑暗就消失了；而你，就是光。

Eurasian Publishing Group
圓神出版事業機構
用心與你對話・視野無限寬廣
方智出版社
Fine Press

www.booklife.com.tw　reader@mail.eurasian.com.tw

自信人生 145

做一個簡單的好人

作　　者／許峰源
發 行 人／簡志忠
出 版 者／方智出版社股份有限公司
地　　址／台北市南京東路四段50號6樓之1
電　　話／（02）2579-6600・2579-8800・2570-3939
傳　　真／（02）2579-0338・2577-3220・2570-3636
總 編 輯／陳秋月
資深主編／賴良珠
校　　對／胡靜佳・賴良珠
美術編輯／潘大智
行銷企畫／陳姵蒨・徐緯程
印務統籌／劉鳳剛・高榮祥
監　　印／高榮祥
排　　版／陳采淇
經 銷 商／叩應股份有限公司
郵撥帳號／18707239
法律顧問／圓神出版事業機構法律顧問　蕭雄淋律師
印　　刷／祥峯印刷廠
2017年10月　初版
2024年6月　14刷

定價 260 元　ISBN 978-986-175-472-7　

你本來就應該得到生命所必須給你的一切美好！
祕密，就是過去、現在和未來的一切解答。

——《The Secret 祕密》

國家圖書館出版品預行編目資料

做一個簡單的好人／許峰源 著. -- 初版. -- 臺北市：方智，2017.10
256面；14.8×21公分. --（自信人生；145）
ISBN 978-986-175-472-7（平裝）

1.修身 2.生活指導

192.1　　106013995